Su Guía Para Ser Ciudadano de los EE. UU.

Lo Que Necesita Saber Para Aprobar Su Examen de Ciudadanía Estadounidense

Con CD-ROM

Por Anita Biase

Su Guía Para Ser Ciudadano De Los EE. UU.: Lo Que Necesita Saber Para Aprobar Su Examen De Ciudadanía Estadounidense — Con CD-ROM

Copyright © 2009 por Atlantic Publishing Group, Inc.
1405 SW 6th Ave. • Ocala, Florida 34471 • 800-814-1132 • 352-622-1875–Fax
Sitio web: www.atlantic-pub.com • E-mail: sales@atlantic-pub.com
Número SAN: 268-1250

ISBN-13: 978-1-60138-136-1   ISBN-10: 1-60138-136-0

Biblioteca del Congreso Catalogación de Datos en Publicación

Biase, Anita, 1946-
[Your U.S. citizenship guide. Spanish]
Su guía para ser ciudadano de los EE. UU. : lo que necesita saber para aprobar su examen de ciudadanía estadounidense con CD-ROM / por Anita Biase.
   p. cm.
Includes bibliographical references and index.
ISBN-13: 978-1-60138-136-1 (alk. paper)
ISBN-10: 1-60138-136-0 (alk. paper)
1. Naturalization--United States. 2. Citizenship--United States. 3. Emigration and immigration law--United States. I. Title.
KF4710.B5318 2009
342.7308'3*-dc22
                      2009020358

DISEÑO DE LA PORTADA: Meg Buchner • megadesn@mchsi.com   Printed on Recycled Paper

Impreso en los Estados Unidos

Recientemente perdimos a nuestra amada mascota "Bear", la cual no solo era nuestro mejor y más querido amigo sino también era el "Vicepresidente de Sunshine" aquí en Atlantic Publishing. No recibía ningún salario pero trabajaba sin parar 24 horas al día para tener contentos a sus padres. Bear fue un perro rescatado que le dio un giro a mi vida y nos colmó a mí, mi esposa Sherri, a sus abuelos Jean, Bob y Nancy y a toda persona y animal que conoció (quizás no a los conejos) con su amistad y amor. Hacía sonreír a mucha gente cada día.

Deseamos que usted sepa que una parte de las ganancias de este libro serán donadas a *The Humane Society of the United States.*

—Douglas & Sherri Brown

THE HUMANE SOCIETY
OF THE UNITED STATES ©

El lazo humano-animal es tan viejo como la historia humana. Apreciamos mucho a nuestros compañeros animales debido a su afecto y aceptación incondicional. Sentimos una emoción cuando vislumbramos las criaturas salvajes en su hábitat o en nuestro propio patio trasero.

Desafortunadamente, el lazo humano-animal en ocasiones se ha visto debilitado. Los humanos han explotado algunas especies animales hasta el punto de su extinción.

The Humane Society of the United States hace una diferencia en las vidas de los animales aquí en nuestra casa y en el mundo. La HSUS está dedicada a crear un mundo donde nuestra relación con los animales esté guiada por la compasión. Buscamos una sociedad verdaderamente humana en la cual los animales sean respetados por su valor intrínseco y donde el lazo humano-animal sea fuerte.

¿Desea ayudar a los animales? Tenemos muchas sugerencias. Adopte a una mascota en un refugio local, únase a *The Humane Society* y sea parte de nuestra labor para ayudar a los animales de compañía y la vida salvaje. Estará dando fondos a nuestros proyectos educativos, legislativos, de investigación y de mayor alcance en los EE. UU. y de un extremo a otro del globo.

¿O quizás le gustaría hacer una donación memorial en honor de una mascota, amigo o pariente? Puede hacerlo a través de nuestro programa *Kindred Spirits*. Además, si a usted le gustaría contribuir en una manera más estructurada, nuestra Oficina de Donaciones Planificadas le puede hacer sugerencias sobre planeación de activos, pensiones e incluso regalos de acciones deducibles de impuestos sobre ganancias de capital.

Quizás tenga tierras que le gustaría preservar como un hábitat duradero para la vida salvaje. Nuestro Fideicomiso de Tierras para la Vida Salvaje puede ayudarle. Quizás la tierra que desea donar es un patio trasero—eso es suficiente. Nuestro Programa de Santuarios Urbanos de Vida Salvaje le enseñará cómo crear un hábitat para nuestros vecinos salvajes.

Como puede ver, es sencillo ayudar a los animales. Además la HSUS está aquí para ayudar.

The Humane Society of the United States
2100 L Street NW
Washington, DC 20037
202-452-1100
www.hsus.org

★ TABLA DE CONTENIDOS ★

PARTE 1: CÓMO CONVERTIRSE EN CIUDADANO DE LOS EE. UU.

Capítulo 1: Antes de Que Inicie Su Jornada

Capítulo 2:
¿Qué Involucra la Ciudadanía?

Capítulo 3:
¿Es Usted Elegible Para Volverse Ciudadano de los EE. UU?

Capítulo 4:
Requisitos de Elegibilidad para Naturalización

Capítulo 5:
Métodos para Obtener la Tarjeta de Residencia

Capítulo 6:
Formato N-400

Capítulo 7:
La Entrevista

Parte 2: Cómo Estudiar para Convertirse en Ciudadano de los EE.UU.

Capítulo 8:
Aprendiendo sobre la Historia y el Gobierno Norteamericano

Capítulo 9:
Habilidades en el Idioma Inglés

Capítulo 10:
La Constitución de los EE. UU.

Capítulo 11:
El Nuevo Examen de Ciudadanía

Capítulo 12:
Casos de Estudio

★ PRÓLOGO ★

Por Andrea R. Jacobs, Esq.

¡América realmente es la tierra de la oportunidad! Por ello, muchos ciudadanos extranjeros se empeñan en inmigrar aquí y en algún momento convertirse ciudadanos estadounidenses. Sin embargo, el proceso de inmigración puede ser largo y difícil para algunas personas. *Su Guía para ser Ciudadano de los EE. UU.* es un manual fácil de usar que puede simplificar enormemente el proceso de naturalización.

He sido abogada de inmigración por casi 20 años, y honestamente puedo decir que este libro le ayudará a cualquiera que tenga un caso simple de naturalización. Por supuesto, cualquiera que no comprenda los formatos o el proceso debe consultar a un abogado de inmigración para que le proporcione consejo legal específico con respecto a su caso, esto es especialmente cierto si la persona alguna vez fue condenada por algún crimen. Solicitar la naturalización teniendo un registro criminal podría llevar a un proceso de eliminación el cual por seguro despojaría al individuo de su residencia.

La base de nuestro proceso de naturalización es la "buena naturaleza moral". Si un solicitante puede demostrar este atributo durante un periodo de cinco años antes de su solicitud, entonces existe una gran probabilidad de que se volverá ciudadano de los EE. UU. Para poder probar la buena naturaleza moral, Inmigración investiga en cosas tales como el récord criminal, historial de pago oportuno de la manutención de los hijos y pago de impuestos federales y estatales sobre el ingreso.

Otro factor importante al momento de determinar la elegibilidad para la ciudadanía es la presencia física. Un solicitante debe haber estado presente por más de la mitad del periodo de residencia reglamentario. En el caso de un solicitante de naturalización debe haber sido residente por un periodo de cinco años antes de hacer la solicitud, este periodo reglamentario es de más de treinta meses.

Los días reales deben ser calculados, y el solicitante no puede salir del país por más de seis meses en ningún momento, excepto en circunstancias limitadas. Muchas solicitudes son negadas cada año debido a cálculos inapropiados.

Su Guía Para Ser Ciudadano de los EE. UU. le proporciona las cien preguntas de examen más frecuentemente utilizadas. El oficial en la entrevista le pedirá al solicitante que responda oralmente seis o siete de estas preguntas. Si el solicitante contesta estas preguntas correctamente, el oficial continuará con la parte por escrita pidiéndole al solicitante que escriba una oración en inglés. Muchos de mis clientes sienten ansiedad con respecto al examen; sin embargo, en los últimos 18 años, no he tenido ningún cliente que haya fallado en esta parte.

En conclusión, utilice este manual como una herramienta para ayudarle a preparar su proceso de naturalización. Siempre debe verificar con la USCIS que usted posee la última versión del formato y la dirección de correo correcta. Si tiene cualquier problema o duda, verifique con un abogado de inmigración. ¡Bienvenido a la tierra de las oportunidades!

Andrea R. Jacobs, Esq.
Abogada de Inmigración
Andrea R. Jacobs, P.A.
11555 Heron Bay Blvd.
Suite 102
Coral Springs, FL 33076
(800)424-7745
andrea@arjlaw.com
www.arjlaw.com

Andrea R. Jacobs, Esquire es la abogada fundadora de Andrea R. Jacobs, P.A. localizada en Coral Springs, Florida. Su práctica se enfoca en la ley de inmigración y en la ley

de bancarrota. Jacobs es miembro del tribunal de Florida. También es miembro de la Corte Distrital de los Estados Unidos por el Distrito del Sur de Florida.

Antes de iniciar su propia firma en 1993, Jacobs estaba asociada con The Law Offices of Ellen M. Law, P.A., Atlas, Pearlman & Trop, P.A. y Smith & Berman, P.A. también ubicadas en el Sur de Florida. Durante 1988 y 1989, Jacobs trabajó en el departamento legal de la Dole Fresh Fruit Company.

Originaria del condado de Rockland, New York, Jacobs fue a la preparatoria en Coral Springs, Florida. Jacobs recibió su Licenciatura en Artes, cum laude, por parte del Colegio de Honores de la Universidad de Miami donde se especializó en Inglés con una especialización secundaria en Administración de Empresas. Posteriormente, Jacobs asistió al Colegio de Leyes de la Universidad de Florida, en Gainesville, Florida donde sus estudios incluyeron curriculum en los campos de las leyes corporativas, activos, familiar y de impuestos. Jacobs recibió su grado de Doctora en Jurisprudencia en 1990.

Jacobs es miembro de The American Immigration Lawyers Association, The Florida Bar Association, The Broward Resource League, The American Bar Association, The Florida Association of Women Lawyers, The University of Florida Alumni Association y Phi Kappa Phi Honorary.

★ INTRODUCCIÓN ★

¡Felicidades! -Usted desea unirse a las legiones de individuos que ya son ciudadanos norteamericanos.

Con este libro, aprenderá mucho y ahorrará tiempo y dinero. La información en este libro será útil y le servirá como un mapa que lo guiará a través del proceso de naturalización. Asegúrese de leerlo cuidadosamente y de poner atención a los detalles. Existen algunas desventajas en el método hágalo usted mismo; sin embargo, la mayoría de los solicitantes no tendrán ninguna dificultad. Su solicitud será presentada, será procesada de manera oportuna y el resultado será feliz y positivo.

Las circunstancias de algunos solicitantes no son sencillas. Si usted tiene una situación complicada, podría considerar consultar a un abogado o a un auxiliar jurídico. Si decide buscar asistencia legal, es importante que encuentre a alguien que sea una autoridad en las leyes relativas a inmigración y ciudadanía. Su colegio de abogados local gustosamente le recomendará algunos especialistas, o bien usted podría obtener recomendaciones de amigos y parientes.

Este libro lo llevará a través de los pasos para volverse un ciudadano de los EE. UU. La ciudadanía es el estatus legal que se confiere a los miembros de los Estados Unidos por parte de los Servicios de Ciudadanía e Inmigración de los Estados Unidos (USCIS, por sus siglas en inglés). Los ciudadanos naturalizados tienen los mismos derechos, obligaciones y privilegios que aquellos que obtuvieron la ciudadanía por nacimiento.

El proceso de solicitud de naturalización a menudo es complicado. Tan solo comprender los requisitos de elegibilidad y encontrar la categoría correcta puede resultar desalentador y no es para los débiles de corazón. Este libro le servirá como un plano y ayudará a aquellos que solicitan la ciudadanía estadounidense a hacerlo de manera organizada y secuencial.

No se angustie si el proceso de solicitud llega a ser largo y complicado. Este libro está aquí para guiarlo paso a paso a través del proceso y le servirá como un manual de ayuda y referencia. Aunque la información contenida en este libro está basada en los hechos y le ayudará a través del proceso de naturalización, podría resultar mejor y más sencillo platicar con un abogado, especialmente si sus circunstancias son complicadas.

Por favor tenga en mente que existen muchos recursos en Internet que pueden ayudarle a adquirir la ciudadanía estadounidense; sin embargo, algunos de ellos le cobrarán por sus servicios. Nunca le pague a ningún sitio web para que llene su solicitud por usted. Recuerde los sitios web del gobierno de los EE. UU. terminan con la extensión .gov. Si la extensión del sitio web que está utilizando no termina en .gov usted podría estar recibiendo información imprecisa o bien alguien podría estar intentando quitarle su dinero.

Este nuevo libro le informará sobre las reglas de elegibilidad, le proporcionará instrucciones con respecto a los formatos de solicitud y le ayudará a prepararse para la entrevista y los exámenes de ciudadanía. Usted leerá una guía de estudio sobre los principios de la Constitución de los EE. UU. Mejorará su idioma inglés y se volverá un gran conocedor de los Estados Unidos y de los beneficios y responsabilidades de ser ciudadano. Después de recibir las instrucciones para hacer la solicitud, preguntas de muestra del examen e información con respecto a la entrevista, se encontrará a si mismo tomando el Juramento de Ciudadanía en tiempo récord.

Este libro está dividido en tres partes. La Parte 1 le guiará a través de lo que necesitará para ser ciudadano de los EE. UU. y le explicará los procesos por los que pasará. La Parte 2 le proporciona los materiales de estudio para que pueda prepararse a si mismo para aprobar la entrevista y los exámenes de ciudadanía. El CD-ROM acompañante también le proporcionará los formatos que necesitará llenar y otros materiales útiles.

De nueva cuenta, felicidades en su búsqueda de la ciudadanía estadounidense. Estará sangrando rojo, blando y azul en un abrir y cerrar de ojos.

★ DATO AMERICANO: LA CASA BLANCA ★

La Casa Blanca es la residencia oficial y principal lugar de trabajo del Presidente de los Estados Unidos. Ubicado en la Avenida Pensilvania No. 1600, al noroeste de Washington, D. C., fue construida entre 1792 y 1800 con piedra arenisca porosa pintada de blanco en un estilo Georgiano y ha sido la residencia ejecutiva de todos los Presidentes de los EE. UU. desde John Adams. Hoy día, el Complejo de la Casa Blanca incluye la Residencia Ejecutiva (en la cual reside la Primera Familia), el Ala Oeste (donde se ubica la Oficina Oval, el Gabinete Presidencial y el Salón Roosevelt) y el Ala Este (donde se ubica la oficina de la Primera Dama y del Secretario Social de la Casa Blanca), así como el Viejo Edificio de la Residencia Ejecutiva, que alberga las oficinas ejecutivas del Presidente y del Vicepresidente.

Fuente: http://en.wikipedia.org/wiki/White_house

PARTE 1

CÓMO CONVERTIRSE EN
★ CIUDADANO DE LOS EE. UU. ★

★ DATO AMERICANO: EL PENTÁGONO ★

El Pentágono es la sede del Departamento de Defensa de los Estados Unidos, situado en el Condado de Arlington, Virginia. Como símbolo de la milicia de los EE. UU., "el Pentágono" es a menudo usado de manera metonímica para referirse al Departamento de Defensa en lugar como el propio edificio. Diseñado por el arquitecto estadounidense George Bergstrom el edificio fue inaugurado el 15 de Enero de 1943. El Pentágono es el edificio de oficinas más grande del mundo. Alberga aproximadamente a 23,000 empleados militares y civiles, y cerca de 3,000 de personal de apoyo. Tiene cinco lados, cinco pisos sobre el suelo (más dos niveles de sótano), y cinco corredores en círculo por piso con un total de 17.5 millas de corredores. El Pentágono incluye una plaza central de cinco acres, con forma de pentágono.

Fuente: http://en.wikipedia.org/wiki/The_Pentagon

1
ANTES DE QUE INICIE
★ SU JORNADA ★

Cerca de 7.5 millones de solicitudes y peticiones son recibidas cada año por parte del gobierno de los Estados Unidos. Estas solicitudes provienen de gente que desea inmigrar a los Estados Unidos, gente en los Estados Unidos que desea volverse ciudadana, gente que está intentando conseguir la ciudadanía para miembros de su familia y muchas más.

Para procesar estas solicitudes y peticiones, los Estados Unidos han creado una división especial del gobierno llamada el Servicio de Ciudadanía e Inmigración de los Estados Unidos (USCIS por sus siglas en inglés).

¿QUÉ ES EL USCIS?

El Servicio de Ciudadanía e Inmigración de los Estados Unidos (USCIS), anteriormente el Servicio de Inmigración y Naturalización (INS), se volvió una división del Departamento de Seguridad Nacional de los Estados Unidos el 1 de Marzo del 2003. El departamento es responsable de la administración del proceso de inmigración y naturalización, incluyendo todos los servicios, políticas y prioridades que se relacionan con la inmigración y la naturalización.

Una de las muchas funciones del departamento es procesar las solicitudes de visa, peticiones de naturalización y solicitudes de asilo y refugio. La USCIS también administra todas las demás funciones relacionadas con la inmigración, incluyendo el procesamiento de demanda de asilo, la administración de los beneficios y servicios para los inmigrantes y la emisión de documentos de autorización de empleo.

La USCIS está compuesta por más de 15,000 empleados federales y contratistas que proveen de personal a 250 oficinas locales alrededor del globo.

La USCIS consta de muchas oficinas diferentes, incluyendo la Oficina de Ciudadanía y la Dirección General de Refugio, Asilo y Operaciones Internacionales.

La Oficina de Ciudadanía

La Oficina de Ciudadanía ayuda a educar a los inmigrantes con respecto a volverse ciudadanos de los EE. UU. No solo ayudan a educar a los inmigrantes sobre el proceso de volverse ciudadanos de los EE. UU., sino que también les proporcionan las herramientas necesarias e información que necesitan para ayudarles a integrarse exitosamente a la cultura norteamericana. La Oficina de Ciudadanía da este conocimiento cuando los inmigrantes se vuelven primero residentes permanentes de los EE. UU. y posteriormente cuando comienzan el proceso de naturalización.

La Dirección General de Refugio, Asilo y Operaciones Internacionales

La Dirección General de Refugio, Asilo y Operaciones Internacionales (RAIO, por sus siglas en inglés) supervisa, planea e implementa todas las políticas que están relacionadas con temas de asilo y refugio, además ayudan con la inmigración en países extranjeros.

La RAIO está compuesta por tres divisiones distintas: La División de Asuntos de Refugiados, La División de Asilo y la División de Operaciones Internacionales.

La División de Asuntos de Refugiados

La División de Asuntos de Refugiados está asociada con el Programa de Admisión de Refugiados de los Estados Unidos para proporcionar beneficios humanitarios a los reasentamientos de refugiados. Los refugiados son personas que huyen de un país por su propia seguridad y no pueden regresar debido a que son perseguidos o tienen miedo de ser perseguidos debido a su raza, religión, nacionalidad o afiliación a cierto grupo. Este estatus tiene que ser formalmente decidido por la División de Asuntos de los Refugiados antes de que se le permita a un refugiado reasentarse dentro de las fronteras de los EE. UU. A los refugiados se les confiere el estatus de residentes legales.

La División de Asilo

La División de Asilo supervisa el proceso de asilo afirmativo en los EE. UU. Este proceso les permite a los individuos que ya están en los EE. UU. o en un puerto de entrada de los EE. UU. y que aún no inician un procedimiento de inmigración a solicitar asilo debido a que no pueden o no desean regresar a su país natal debido a que sufren persecución o temen ser perseguidos debido a su raza, religión, nacionalidad o afiliación a cierto grupo. La principal diferencia entre un asilado y un refugiado es que un asilado solicita la residencia mientras está en suelo de los EE. UU. Un refugiado solicita la residencia mientras está en otro país.

La Dirección General de Operaciones Internacionales

La Dirección General de Operaciones Internacionales supervisa y es la cara de la USCIS en otros países. Esta división tiene 30 oficinas locales internacionales. Esta división es responsable de extender oportunidades de inmigración y beneficios a individuos elegibles.

¿QUÉ ES UN CIUDADANO?

La Estatua de la Libertad es un icono norteamericano y uno de los símbolos mejor conocidos en el mundo. Representa la libertad y el refugio ante la opresión. La estatua representa a una figura femenina erguida sosteniendo una antorcha en su mano derecha.

A principios de la última década de 1800, miles de inmigrantes llegaron por la Isla Ellis en Nueva York buscando "vida, libertad y la búsqueda de la felicidad". La Estatua de la Libertad era una de las primeras cosas que veían los cansados viajeros. La Dama de la Libertad sigue reinando sobre la Bahía de Nueva York, como un recordatorio para todos nosotros de que somos una "nación de inmigrantes" y un "crisol" de nacionalidades.

Los Servicios de Ciudadanía e Inmigración de los Estados Unidos (USCIS) confieren la ciudadanía estadounidense a los nuevos norteamericanos. Cuando una persona de otro país se vuelve ciudadano de los EE. UU., él o ella es llamado(a) un "ciudadano(a) naturalizado(a)". Los ciudadanos naturalizados y aquellos que han obtenido la ciudadanía por nacimiento tienen los mismos derechos, libertades, deberes y responsabilidades que conlleva la ciudadanía.

Derechos y Responsabilidades de los Ciudadanos de los EE. UU.

Un ciudadano de los EE. UU. tiene todos los derechos garantizados en la Constitución de los EE. UU., y está sujeto a todas las leyes de los EE. UU. Todos los ciudadanos de los EE. UU. tienen un derecho para la vida, la libertad y la propiedad.

La Constitución de los EE. UU. fue escrita en 1787 y esboza los principios básicos del gobierno de los EE. UU. Este documento puede ser enmendado en caso de que sea necesario; no obstante, las enmiendas son raras. Usted aprenderá más sobre este proceso en capítulos posteriores de este libro.

Los estados originales enviaron representantes para que firmaran la Constitución y se pusieran de acuerdo con los principios generales. La Constitución comienza con un preámbulo, el cual tiene la frase inicial, "Nosotros el Pueblo". Garantizada, en este tiempo, "Nosotros el Pueblo" solo se refería a los hombres blancos.

El preámbulo enlista qué ciudadanos norteamericanos tienen un deber por hacer para poder formar una unión más perfecta. Estos deberes están detallados a lo largo de la Constitución:

- Establecer justicia
- Asegurar la tranquilidad doméstica
- Proveer para la defensa común
- Promover el bienestar general
- Asegurar las bendiciones de la libertad

No toda la gente quedó satisfecha con la Constitución porque no esbozaba los derechos específicos de los ciudadanos. Los creadores de la Constitución también esbozaron la Carta de Derechos, la cual contenía las primeras 10 enmiendas. La Constitución ha sido enmendada 27 veces; sin embargo, la 18ava enmienda fue rescindida, por lo que solo están en efecto 26 enmiendas.

Las enmiendas le dan al gobierno una manera de proteger libertades específicas y expandir libertades. Por medio de las enmiendas, los derechos para votar han sido extendidos a los afroamericanos, mujeres, indígenas estadounidenses y los ciudadanos que cumplen 18 años. Estas enmiendas siempre están sujetas a la interpretación de la Suprema Corte de los EE. UU.

Los ciudadanos tienen el deber de conocer y aprender lo relativo al gobierno y participar en el gobierno con respecto a asuntos que tienen que ver con sus vidas. A saber, una de las más grandes responsabilidades y derechos de los ciudadanos de los EE. UU. es el derecho a votar. Votar le da a los ciudadanos el poder de tomar parte en el gobierno y tener algo que decir sobre todas y cada una de las leyes que podrían hacerse. Votar le permite a los ciudadanos a expresar directamente sus opiniones sobre asuntos y representantes electos que representarán de la mejor manera sus opiniones en asuntos sobre los cuales no pueden votar directamente.

La enmienda 14 de la Constitución de los EE. UU. declara: "Todas las personas nacidas o naturalizadas en los Estados Unidos y sometidas a su jurisdicción, son ciudadanos de los Estados Unidos y de los Estados en que residen. Ningún estado podrá dictar ni dar efecto a cualquier ley que limite los privilegios o inmunidades de los ciudadanos de los Estados Unidos; tampoco podrá estado alguno privar a cualquier persona de la vida, libertad o la propiedad sin el debido proceso legal; ni negar a cualquier persona que se encuentre dentro de sus límites jurisdiccionales la protección de las leyes, igual para todos".

Privilegios de los Ciudadanos de los EE. UU.

Una vez que una persona toma el Juramento de Lealtad, él o ella adquiere todos los derechos y responsabilidades de la ciudadanía de los EE. UU. Por ejemplo, a los nuevos ciudadanos se les permite votar y presentar una candidatura política. El Gobernador de California, Arnold Schwarzenegger, no es ciudadano de los EE. UU. por nacimiento; sin embargo, como ciudadano naturalizado tiene el privilegio de votar y postularse. Un privilegio que no aplica a los ciudadanos naturalizados que no son nacidos en los EE. UU. es la habilidad de postularse para presidente o vicepresidente de los EE. UU.

Deberes de los Ciudadanos de los EE. UU.

Muchos de los derechos y libertades de la ciudadanía son ganados mediante el ejercicio de los deberes y obligaciones. Para proteger la democracia, los ciudadanos de una nación libre deben estar dispuestos a tomar parte en el proceso del gobierno. Existen muchas responsabilidades que vienen aparejadas junto con los derechos y libertades de un nuevo ciudadano.

Se espera que los ciudadanos sean leales a su país, respeten las leyes y contribuyan al éxito de los Estados Unidos de América. Deberes específicos incluyen:

- **Servir de Jurado:** Usted puede ser requerido por el gobierno para servir en un jurado. El servicio de jurado es una obligación de los ciudadanos. Como ciudadano de los EE. UU., su nombre será colocado automáticamente en la lista de jurados potenciales.

    Mucha gente cree que debe estar registrada para votar para poder ser requerida legalmente como jurado; sin embargo, esto no siempre es cierto. Los gobiernos locales toman una lista de nombres a partir de otras fuentes, incluyendo aquellos que se han registrado para obtener una licencia y pagar impuestos.

Cada estado tiene diferentes leyes relativas al deber de servir como jurado. Para saber mas, lo mejor es verificar con su propio estado. Usted no puede servir como miembro de un jurado si no es ciudadano de los EE. UU. y si no habla inglés.

Para notificarle que tiene un deber para servir de jurado, su gobierno local le enviará por correo un citatorio en el cual le dirá que usted ha sido requerido para servir como jurado en una fecha específica. En ese caso necesitará informarle a su patrón que ha sido citado (este día de trabajo perdido está justificado), usted deberá presentarse en su emplazamiento de lo contrario podrá ser multado y considerado en desacato al tribunal.

Asegúrese de leer cuidadosamente su carta de emplazamiento para que sepa como responder. Algunos estados pueden pedirle que llene un cuestionario y lo envíe antes de reportarse a su deber de jurado.

- **Acatar las leyes:** Los ciudadanos deben ser leales a los Estados Unidos y respetar las leyes federales, estatales y locales.

Sin embargo, no se confunda. Cualquiera que viva en los EE. UU. está sujeto a las leyes de los EE. UU. Una gran diferencia entre las leyes que aplican a los ciudadanos de los EE. UU. contra las de los ciudadanos que no son de los EE. UU., está en lo que pasa cuando usted quebranta la ley.

Los ciudadanos ilegales pueden ser deportados por quebrantar la ley. Los ciudadanos de los EE. UU., por otro lado, tienen el derecho legal de tener un abogado y un jurado compuesto por sus iguales.

- **Impuestos:** La 16ava enmienda requiere que todas las personas que residan en los Estados Unidos paguen impuestos federales, estatales y locales.

  Los impuestos sirven para cuatro propósitos: ingreso, redistribución, cambio de precios y representación.

  El monto de los impuestos que tiene que pagar variará por ciudad y estado. Los impuestos federales y estatales usualmente son presentados el 15 de abril. Estos impuestos usualmente son retenidos en cada cheque de pago que usted recibe. Si usted no retiene suficiente dinero, se le puede solicitar que le pague al gobierno; sin embargo, si usted retiene demasiado dinero, el gobierno le emitirá un cheque. Presentar la declaración de impuestos es diferente para cada individuo, por lo que es mejor que verifique con un contador en tiempo de impuestos para asegurar que reciba el máximo de deducciones posible.

  Los impuestos locales varían y puede ser que necesiten ser pagados en diferentes momentos a lo largo del año. En Florida, por ejemplo, usted debe pagar el registro de su vehículo. Este pago se vence el día de su cumpleaños y usted recibirá un aviso por correo alrededor de un mes antes de su cumpleaños.

  Pueden aplicar otros impuestos locales, tales como los impuestos sobre la propiedad inmobiliaria, impuestos de la valoración de caminos, impuestos para la educación y muchos más. Usted necesita familiarizarse con las leyes del área donde planea vivir y presupuestar de acuerdo con ella.

- **Votar en las elecciones:** Votar es un derecho, pero también debe de verse como una obligación. La única manera que los ciudadanos pueden influir sobre el gobierno y tener una voz en las decisiones del gobierno es votando. Los ciudadanos deben de emitir sus votos en elecciones federales, estatales y locales. También es importante para los ciudadanos estar al tanto sobre estos asuntos, de modo que puedan emitir sus votos de manera cuidadosa y responsable. Cada votante debe hacer un esfuerzo para juzgar los méritos de los candidatos para que solo los mejores contendientes sean elegidos.

- **Participar en partidos políticos:** Los ciudadanos deben ejercer su derecho al autogobierno mediante su participación en los partidos políticos.

Cuando se registre para votar se le preguntará a cual partido político quiere afiliarse. Puede elegir "ninguno", o elegir cualquier otra cosa. La mayoría de los ciudadanos de los EE. UU. están listados como Demócratas o Republicanos; sin embargo, existen múltiples partidos a los cuales puede afiliarse. Lo mejor es realizar una investigación sobre los partidos individuales y ver cual se adapta de la mejor manera a sus creencias.

- **Defensa del país:** Los ciudadanos pueden optar por la defensa de los Estados Unidos sirviendo en las fuerzas armadas.

Por ley, todos los hombres entre los 18 y los 26 años que vivan en los EE. UU. deben registrarse en el Servicio Selectivo. El solo hecho de que usted se registre no quiere decir que servirá en los servicios armados. El Servicio Selectivo mantiene una lista de nombres en caso de que surja la necesidad de llevar a cabo un reclutamiento militar.

Las mujeres no tienen que registrarse para el Servicio Selectivo; sin embargo, las mujeres aún pueden servir en las fuerzas armadas. Las mujeres no pueden ser reclutadas.

Si usted desea servir en las fuerzas armadas, puede ir con un reclutador de las fuerzas armadas una vez que tenga 18 años y sea ciudadano de los EE. UU. Ellos podrán instruirle con respecto a cómo unirse a cualquier rama de la milicia a la cual usted desee enrolarse.

Beneficios de la Ciudadanía de los EE. UU.

Hay muchos beneficios y privilegios a la disposición de los ciudadanos de los EE. UU., incluyendo los siguientes:

- Seguridad contra la amenaza de deportación

- Elegibilidad para algunos puestos en el gobierno

- Muchos beneficios públicos

- Libertad para viajar a voluntad dentro y fuera del país

- Facilidad de traer miembros de su familia

Desventajas de Solicitar la Ciudadanía Estadounidense

Existen muchas ventajas en solicitar la ciudadanía; sin embargo, para algunas personas, también pueden haber inconvenientes, además de ser una decisión emocionalmente dolorosa para algunos. Antes de tomar la decisión de solicitar la naturalización, usted también debe considerar las siguientes posibles desventajas:

- Cuando una persona inicia el proceso de naturalización, la USCIS examina la historia del solicitante. Si la persona ha sido condenada por actos criminales, adquirido su tarjeta de residencia de manera ilegal, o se vuelto objeto de deportación desde que recibió su estatus de residencia permanente, su solicitud de naturalización será negada. Los solicitantes que tengan preocupaciones sobre las posibilidades anteriores deben consultar a una autoridad en la ley de inmigración antes de solicitar la ciudadanía estadounidense.

- No todos los países permiten la doble nacionalidad. Incluso cuando el país natal de un solicitante permite la doble nacionalidad, algunos beneficios pueden perderse si este se vuelve ciudadano de los EE. UU.

- Los solicitantes que viajen a países que no son amigos de los EE. UU. pueden estar en riesgo si tienen un pasaporte norteamericano.

- Cuando un individuo se vuelve ciudadano norteamericano, él o ella deben de renunciar a su lealtad a otras naciones. Esto significa que un solicitante no puede defender su país natal en tiempo de guerra.

Es muy importante sopesar los beneficios contra los riesgos y desventajas posibles antes de solicitar la ciudadanía estadounidense. Los siguientes capítulos revisarán en mayor profundidad las clasificaciones del estatus legal.

CIUDADANO DE LOS EE. UU.

Un ciudadano de los EE. UU. es una persona que nació en los Estados Unidos o nació en otro país pero cuyos padres son ciudadanos de los EE. UU., o bien ciudadanos naturalizados, o niños extranjeros menores de 18 años que son adoptados por ciudadanos de los EE. UU. y emigran a los EE. UU.

CIUDADANO NATURALIZADO

Después que un individuo inmigra, adquiere una tarjeta de residencia y espera el tiempo requerido, para que él o ella sean elegibles para solicitar la ciudadanía estadounidense. Después que se haya completado el proceso de naturalización, el estatus legal del solicitante es el de ciudadano de los Estados Unidos. Nadie es más o menos ciudadano. Los ciudadanos naturalizados y aquellos que obtienen la ciudadanía por nacimiento tienen los mismos derechos, deberes y privilegios y usted tendrá el derecho de tener un tratamiento justo y equitativo bajo las leyes de los Estados Unidos.

RESIDENTE PERMANENTE

Los residentes permanentes son personas que tienen una tarjeta de residencia. Un residente permanente legal tiene el derecho de residir y trabajar en los Estados Unidos. En la mayoría de los casos, una persona tiene que ser residente permanente durante cinco años antes de solicitar volverse un ciudadano naturalizado de los Estados Unidos. Sin embargo, si un individuo está casado y vive con un cónyuge que es ciudadano estadounidense y ha sido ciudadano por al menos tres año antes de la solicitud, el periodo de espera es de solo tres años.

REFUGIADOS Y PERSONAS BUSCANDO ASILO

La gente que tiene un miedo real y válido de ser perseguido en su país natal debido a su raza, religión o perspectiva política son considerados refugiados o personas buscando asilo.

NO INMIGRANTES

Los No inmigrantes son aquellos que vienen a los Estados Unidos temporalmente para un propósito específico y por un periodo de tiempo limitado. Algunas personas, tales como estadounidense, turistas y personas relacionadas con el comercio y los trabajadores temporales, entran a los Estados Unidos con una visa de no inmigrante.

LIBERADOS BAJO PALABRA

Un liberado bajo palabra es un individuo al cual se le ha permitido la entrada temporal debido a una situación de emergencia familiar o por razones humanitarias.

INMIGRANTES INDOCUMENTADOS

Una persona es un inmigrante indocumentado si él o ella reside dentro de las fronteras de los Estados Unidos, pero no tiene el estatus legal para estar aquí.

DOBLE CIUDADANÍA

Un individuo tiene doble ciudadanía si él o ella es ciudadano de dos países al mismo tiempo. Esto significa que la persona debe acatar las leyes de ambos países y pagar impuestos a ambos países. A veces la doble ciudadanía ocurre automáticamente. Si una persona nace en el extranjero de padres estadounidenses, él o ella es de manera automática ciudadano de ambos países. Si un individuo nace en los EE. UU. de padres que son ciudadanos de otro país, él o ella es automáticamente ciudadano de ambos países.

Cada país tiene sus propias leyes con relación a la ciudadanía. Al volverse ciudadano naturalizado, los EE. UU. requieren que la persona renuncie a su lealtad para con cualquier otro país. Algunos países se niegan a reconocer esta renuncia y considerarán a un ciudadano naturalizado de los EE. UU. como un ciudadano de ambas naciones. Otros no permiten la doble ciudadanía, lo cual implica que si usted se vuelve ciudadano naturalizado de los estados unidos, se le solicitará que renuncie a su otra ciudadanía. Es importante que el solicitante de la ciudadanía estadounidense considere este asunto cuidadosamente.

Cuando un individuo pierde su lealtad para con otro país, él o ella no necesariamente está renunciando a su ciudadanía en ese país. Eso significa que si los dos país se ven involucrados en una guerra, la persona defenderá a los EE. UU. en lugar de a su tierra natal. (Ver apéndice A para ver una lista de los países que permiten la doble ciudadanía). La cuestión de la doble ciudadanía puede ser de importancia. Al renunciar a su ciudadanía en su país natal, una persona también puede estar renunciando a los derechos y beneficios que disfrutaba como ciudadano de ese país. Los solicitantes que tengan preocupaciones con respecto a este tema deben consultar con la embajada de su país natal para averiguar cuales son las leyes relativas con la doble ciudadanía.

★ DATO AMERICANO: LA ESTATUA DE LA LIBERTAD ★

La Estatua de la Libertad fue entregada a los Estados Unidos por la gente de Francia en 1886. Erigida en la Isla de la Libertad en la Bahía de Nueva York, da la bienvenida a los visitantes, inmigrantes y norteamericanos que viajan por barco. La estatua mide 151 pies de alto, pero junto con el pedestal y los cimientos, se eleva hasta los 305 pies de alto.

Fuente: http://en.wikipedia.org/wiki/Statue_of_liberty

2

¿QUÉ INVOLUCRA
★ LA CIUDADANÍA? ★

Los Estados Unidos es una nación de inmigrantes. Cuando una persona inmigra a los EE. UU. y solicita la naturalización, él o ella se une a una larga fila de personas que han hecho eso. Este capítulo proporciona una breve revisión del proceso de naturalización. Los siguientes capítulos proporcionarán información más detallada sobre cada paso del procedimiento, de modo que usted pueda tomar una decisión informada sobre volverse ciudadano naturalizado.

Tenga en mente que como solicitante de naturalización, usted debe ser admitido como un residente permanente legal de los EE. UU. (tener una tarjeta de residencia). También debe tener cinco años de residencia continua. Residencia continua no quiere decir que vivió físicamente en los EE. UU. durante los cinco años completos, pero tendrá que tener pruebas, tales como una dirección de correo o documentación que diga que ha pagado impuestos estadounidenses, para confirmar este requisito de residencia. Si tiene que viajar al extranjero por más de unos cuantos meses, es recomendable conseguir un documento de viaje antes de partir. Esto puede hacerse llenando el Formato I-131. Sin embargo, tendrá que tener una residencia física real en el estado donde haga la solicitud de tres meses antes de presentar la naturalización.

Hay una excepción a la regla de ser un residente legal para la gente que ha servido en las fuerzas armadas de los EE. UU. durante la guerra. Estas personas pueden volverse ciudadanos naturalizados sin primero ser residentes permanentes.

Para volverse ciudadano estadounidense también necesitará tener y demostrar la habilidad de leer, escribir y hablar inglés, a menos que tenga una discapacidad física para hacerlo, como es el caso de los ciegos o sordos. También necesitará tener un carácter de buena moral y mostrar su lealtad a la Constitución de los EE. UU. Deberá demostrar su comprensión de la historia de los EE. UU. y el gobierno de los EE. UU. Para presentar, también deberá tener por lo menos 18 años de edad, aunque existen excepciones para los hijos de los residentes permanentes que están buscando la naturalización.

LA SOLICITUD

El primer paso para solicitar la ciudadanía estadounidense es presenta una "solicitud de naturalización". No pague por los materiales de la solicitud. Los formatos pueden conseguirse gratuitamente en el USCIS. Entre a su sitio web y descargue los formatos en **www.uscis.gov,** o bien puede obtener una copia del CD-ROM que acompaña este libro. Hay dos archivos en PDF. Uno contiene las instrucciones, que usted debe leer cuidadosamente, y el otro contiene el formato N-400 actual, el cual deberá completar.

El paquete incluirá una Solicitud de Naturalización (N-400), una hoja con información biográfica y una tabla para las huellas digitales. Deberán incluirse tres fotografías sin firmar de la cara del solicitante junto con el paquete.

Los materiales USCIS incluirán instrucciones detalladas para completar los formatos. A continuación está una lista de pasos básicos:

- Llene la solicitud de manera completa y precisa.

- Llene el formato de información biográfica. La información solicitada será similar a las preguntas hechas en el formato de solicitud.

- Registre su información personal, tal como el nombre, dirección y fecha de nacimiento en la Tabla Biométrica. El USCIS le instruirá sobre cuándo y dónde puede obtener su examen biométrico.

- Asegúrese de llenar cuidadosamente los formatos y decir la verdad exacta. Bajo el Acta de Inmigración y Nacionalidad, una persona debe de decir la verdad y proporcionar al USCIS información correcta. Se debe de incluir una historia completa, incluso si involucra condenas criminales. El examinador esperará una respuesta a las mismas preguntas durante la entrevista. Si cualquier declaración es falsa, la ciudadanía puede ser negada.

Cuesta dinero solicitar la ciudadanía estadounidense. La cuota del paquete N-400 es de $595 más una cuota biométrica de $80, dando un total de $675. Si tiene más de 75 años de edad, no deberá de incluir la cuota biométrica, lo cual da un total de solo $595. No hay cuota para los solicitantes militares quienes presentan su solicitud bajo la Sección 328 y 329 del INA (Acta de Inmigración y Nacionalidad, por sus siglas en inglés).

Puede encontrar una lista completa de las cuotas asociadas con los diferentes formatos y solicitudes que tienen que ver con la inmigración y naturalización en el Apéndice E.

Envíe su solicitud N-400, documentación de apoyo y pago al centro de servicio que tenga jurisdicción en su lugar de residencia.

Los centros de servicio son los siguientes:

Si usted vive en AZ, CA, HI, NV, Territorio de Guam, o la Mancomunidad de las Islas Marianas del Norte, envíe su solicitud N-400 a:

> **California Service Center**
> **P.O. Box 10400**
> **Laguna Niguel, CA 92607-1040**

Si usted vive en AK, CO, ID, IL, IN, IA, KS, MI, MO, MN, MT, NE, ND, OH, OR, SD, UT, WA, WI, o WY, envíe su solicitud N-400 a:

> **Nebraska Service Center**
> **P.O. Box 87400**
> **Lincoln, NE 68501-7400**

Si usted vive en AL, AR, FL, GA, KY, LA, MS, NM, NC, OK, SC, TN, o TX, envíe su solicitud N-400 a:

> **Texas Service Center**
> **P.O. Box 851204**
> **Mesquite, TX 75185-1204**

Si usted vive en CT, DE, Distrito de Columbia, ME, MD, MA, NH, NJ, NY, PA, RI, VT, VA, WV, Estado Libre Asociado de

Puerto Rico, o las Islas Vírgenes de los Estados Unidos, envíe su solicitud N-400 a:

> **Vermont Service Center**
> **75 Lower Welden St.**
> **St. Albans, VT 05479-9400**

Si va a presentar su solicitud de naturalización bajo las provisiones militares, sección 328 o 329, debe enviar su solicitud al Centro de Servicio de Nebraska sin importar cual sea su ubicación geográfica. Envíe su solicitud a:

> **Nebraska Service Center**
> **P.O. Box 87426**
> **Lincoln, NE 68501-7426**

EL EXAMEN DE CIUDADANÍA

El Examen de Historia y Gobierno de los Estados Unidos

Un solicitante de ciudadanía debe de ser capaz de demostrar su conocimiento y comprensión básica de la historia y gobierno norteamericanos.

El examen contendrá 7-10 preguntas de un set de 100 preguntas de opción múltiple, que le preguntará sobre la Constitución de los EE. UU. y sus enmiendas, historia estadounidense desde su conformación hasta la actualidad, presidentes pasados y actual de los EE. UU., y mucho más. Solo necesita contestar correctamente el 70 por ciento de estas preguntas para aprobar.

Para ayudarle a prepararse para este examen, podrá encontrar información respecto a la historia de los EE. UU. y políticas actuales en el Capítulo 13. Puede encontrar más información sobre la Constitución en los Capítulos 13 y 15. El Capítulo 16 le presenta lo que necesita saber sobre el examen y también contiene un examen de muestra con 100 preguntas que puede tomar y usar para ayudarle a estudiar.

Si reprueba el examen, tendrá una segunda oportunidad para tomarlo basándose en la misma solicitud. Si reprueba la segunda vez, tendrá que presentar una nueva solicitud.

La Entrevista

Después de presentar su solicitud, se programará su entrevista con el USCIS. No pierda su aviso de entrevista; lo necesitará para poder entrar al edificio del USCIS. Cuando entre al edificio, será procesado a través de seguridad. La localización de su entrevista probablemente sea en el distrito donde usted vive. Si se muda, asegúrese de notificar al USCIS su nueva ubicación. Deberá presentar un formato AR-11 y un aviso de cambio de dirección a la oficina local.

Ya no se requiere presentar testigos, pero puede llevar un testigo si necesita que alguien verifique que usted es elegible para volverse un ciudadano naturalizado. Durante la entrevista, se le requerirá que demuestre que puede leer, escribir y hablar en inglés. El examinador del USCIS también revisará su solicitud para estar seguro de que todas sus declaraciones sean ciertas. Se le pedirá que muestre sus devoluciones de impuestos o que explique porque no le fue requerido presentar una devolución de impuestos. Además, debe llevar consigo los siguientes documentos originales a la entrevista:

- Licencia de Manejo, Identificación emitida por el estado o pasaporte

- Permiso de trabajo

- Acta de Nacimiento original

- Acta de Matrimonio original

- Avisos de aprobación

Un solicitante de la ciudadanía estadounidense debe tener una entrevista. El propósito de la entrevista es doble. Uno es demostrar que usted es competente en el idioma inglés y también para dar su lealtad a los Estados Unidos.

Durante la entrevista, deberá demostrar su habilidad para leer, escribir, hablar y comprender palabras básicas en el idioma inglés. Esto se realizará por medio de la lectura y el habla. Se le harán preguntas sobre su solicitud N-400 así como preguntas sobre el gobierno.

Algunas personas están exentas del requisito de conocimiento si alguna de las siguientes condiciones aplican en la fecha de la solicitud:

- La persona que busca la naturalización es un residente legal, mayor de 50 años de edad y ha vivido en los EE. UU. por más de 20 años.

- El solicitante es un residente legal, es mayor de 55 años de edad y ha vivido en los Estados Unidos por lo menos 15 años.

- El solicitante puede demostrar una condición física o mental que afecta su habilidad para aprender inglés.

Si reprueba la parte de competencia en inglés de la entrevista, tendrá una segunda oportunidad de tomarlo con la misma solicitud. Si reprueba la segunda ocasión, tendrá que presentar una nueva solicitud.

Puede leer más sobre el proceso de entrevista y prepararse para el examen en inglés en el Capítulo 14.

También deberá demostrar su lealtad a los Estados Unidos. Deberá declarar que está de acuerdo con los principios de la Constitución de los EE. UU.

Después que la entrevista haya terminado y la petición de naturalización haya sido presentada, se programará una comparecencia final ante la corte. En esta audiencia, el examinador verificará que todos los requisitos para la naturalización se hayan cumplido y se le pedirá al solicitante que repita el Juramento de Lealtad, jure defender la Constitución de los EE. UU. y apoyar las leyes de los Estados Unidos.

La Ceremonia de Toma de Juramento

Después de su entrevista, recibirá un aviso por correo con respecto a la fecha de su ceremonia por parte del USCIS.

Usted irá a esta ceremonia, junto con otras personas que serán naturalizadas como ciudadanos de los EE. UU. Aquí, se registrará, regresará su tarjeta de residente permanente, responderá preguntas sobre lo que ha hecho desde su entrevista, tomará el juramento de naturalización y recibirá su certificado de naturalización.

3

¿ES USTED ELEGIBLE PARA VOLVERSE ★ CIUDADANO DE LOS EE. UU.? ★

Para volverse ciudadano de los EE. UU., un solicitante debe satisfacer ciertos requisitos como los siguientes: Él o ella debe ser capaz de leer, escribir y comprender el idioma inglés y tener un conocimiento básico de historia norteamericana, el gobierno de los EE. UU., y la Constitución. Además, el solicitante debe de:

- Tener por lo menos 18 años de edad

- Haber sido residente legal al menos por cinco años

- Ser de un buen carácter moral

- Ser leal a los EE. UU., y estar dispuesto a tomar un juramento de lealtad

EDAD

Usted necesita tener por lo menos 18 años de edad para solicitar la ciudadanía de los EE. UU. Si es menor de 18 años, deberá investigar la posición legal de su madre y padre con respecto a la ciudadanía. Es posible que sea ciudadano de los EE. UU. en virtud del estatus de sus padres. Si nació en los Estados Unidos o en un territorio de los Estados Unidos, usted se volvió ciudadano de los EE. UU. por nacimiento.

Beneficiarios Secundarios

Un beneficiario secundario es el hijo o esposa de la persona en cuya representación se presenta la solicitud. No hay beneficiarios secundarios en los casos basados en la familia de parentesco inmediato, lo cual significa que cada solicitante debe tener su propia solicitud y número de caso individual. El formato I-360 puede ser completado por un ciudadano no estadounidense cuando se solicitan ciertos beneficios garantizados a los inmigrantes especiales incluyendo, sin estar limitados a: viudos(as), americanos de origen asiático, hijos de ciudadanos de los EE. UU., y esposas maltratadas. Los individuos que no proporcionen información verdadera pueden experimentar un proceso criminal o civil. Consecuencias ulteriores incluyen la desaprobación de la solicitud, multas y/o encarcelamiento. El individuo también puede perder futuros beneficios de la inmigración. El formato I-360 (Solicitud para americanos de origen asiáticos, Viudos(as) o Inmigrantes Especiales) también puede ser conocido como el Formato USCIS I-360, I 360, Formato I360 o formato de inmigración I-360.

ESTATUS LEGAL

Para obtener su estatus legal, debe haber sido legalmente admitido en los EE. UU. para ser residente permanente. Esto significa que necesita tener una Tarjeta de Recibo de Registro de Extranjero (una tarjeta de residente) y poder de presentarla para demostrar su estatus legal.

Cónyuges de los Ciudadanos de los EE. UU.

Si usted es un residente permanente legal casado con un ciudadano de los EE. UU., puede ser considerado un "caso especial". Usted podrá presentar una solicitud para obtener la ciudadanía después de haber vivido en los EE. UU. durante tres años de manera continua. Aplican las siguientes reglas:

- Ha estado casado de manera legal con un ciudadano de los EE. UU. durante por lo menos tres años.

- Su cónyuge ha sido ciudadano por lo menos tres años y satisface todos los requisitos para la residencia.

- Usted ha satisfecho todos los demás requisitos para obtener la ciudadanía de los EE. UU.

Comprenda que si usted solicita la ciudadanía de los EE. UU. por medio del matrimonio, deberá probar que está casado y no debe de parecer que se casó para obtener la ciudadanía de los EE. UU. Su caso será tomado más seriamente si puede proporcionar documentación relativa a su relación, así como cualquier recibo que usted y su cónyuge tengan con ambos nombres.

BUEN CARÁCTER MORAL

Un solicitante debe de demostrar que él o ella es de buen carácter moral. La moral y los valores son algo un tanto objetivos y, en general, el buen carácter moral depende de los valores y expectativas de la comunidad en la que vive la persona. Sin embargo, algunas cuestiones pueden afectar una resolución de si usted tiene o no un buen carácter moral. Por ejemplo, involucrarse en las siguientes actividades puede verse involucrado en las siguientes actividades puede causar una resolución positiva:

- Ayudar en las escuelas

- Servicio comunitario

- Actividades religiosas

- Trabajo voluntario

Una persona que se ha visto involucrada con ciertos tipos de actos se considera que no es de buen carácter moral. Las siguientes circunstancias pueden causar una resolución negativa:

- No pagar impuestos

- Ser adictos a drogas

- Ser polígamo

- No pagar la pensión alimenticia

- Olvidar registrarse en el Servicio Selectivo (si el solicitante es hombre)

- Conducir en estado de ebriedad

- Beber habitualmente

- Ganarse la vida como apostador

- Ser deshonesto con el USCIS

Una condena por cualquiera de los siguientes crímenes pesará enormemente contra un solicitante, puede causar que su solicitud sea negada y podría prohibir de manera permanente que la persona se vuelva un ciudadano naturalizado de los EE. UU.:

- Homicidio

- Un crimen agravado

- Venta de una sustancia controlada

- Condena por posesión de una sustancia controlada (excepto si fue por la posesión de 30 gramos o menos de marihuana)

- Proporcionar falso testimonio en un tribunal legal

- Ganarse la vida mediante apuestas ilegales

- Prostitución

- Implicación con vicios ilegales y / o el crimen organizado

- Pasar clandestinamente extranjeros indocumentados a los EE. UU.

- Condena de uno o más crímenes que enviaron al solicitante a la cárcel por cinco años o más

- Confinamiento en una institución penal durante el periodo legal por un total de 180 días o más

LEALTAD PARA CON LOS EE. UU.

Sus acciones y comportamiento mientras tenga una tarjeta de residencia pueden afectar su estatus si es que usted decide solicitar la naturalización. Como residente permanente, tiene el privilegio de vivir y trabajar en los Estados Unidos. Para probar que usted es leal a los Estados Unidos, no debe de vivir en otro país o apoyar a otro país en tiempos de guerra. Esto no quiere decir que ya no pueda seguir apoyando a su viejo equipo de futbol en los Juegos Olímpicos.

Si su solicitud de ciudadanía es aceptada, usted tomará el juramento de ciudadanía y jurará lealtad a los Estados Unidos. Mostrará su lealtad a los EE. UU. del siguiente modo:

- Su disposición a defender la Constitución de los EE. UU.

- Obedeciendo las leyes de los Estados Unidos

- Renunciando a cualquier lealtad anterior a otros países

- Servir a los Estados Unidos durante tiempos de guerra o una emergencia nacional

RESIDENCIA Y PRESENCIA FÍSICA

Un solicitante es elegible para presentar una solicitud de ciudadanía si, inmediatamente antes de presentar la solicitud, él o ella:

- Es un residente permanente legal.

- Ha vivido en los Estados Unidos como un residente permanente legal durante un periodo de cinco o más años antes de presentar la solicitud.

- Ha mantenido una presencia física en los Estados Unidos durante 30 meses o más durante el periodo previo de cinco años. Si el solicitante ha vivido fuera de los Estados Unidos por más de seis meses pero menos de 12, la continuidad de la residencia se verá interrumpida (a menos que el solicitante pueda probar que él o ella no abandonó su lugar de residencia durante el periodo legal).

- Ha vivido en un estado en particular durante por lo menos 90 días.

MILICIA

Veteranos de las Fuerzas Armadas de los EE. UU.

En algunas ocasiones se otorgan consideraciones especiales a las personas que han desempeñado un servicio honorable a los Estados Unidos durante un tiempo de guerra. Si un solicitante sirvió durante cualquiera de los periodos de tiempo siguientes, él o ella puede presentar el Paquete de Naturalización Militar N-400 para solicitar una consideración especial por haber prestado un servicio militar:

- **Primera Guerra Mundial** – 16 de Abril de 1916 al 11 de Noviembre de 1918

- **Segunda Guerra Mundial** – 1 de Septiembre de 1939 al 31 de Diciembre de 1946

- **Conflicto de Corea** – 25 de Junio de 1950 al 1 de Julio de 1955

- **Guerra de Vietnam** – 28 de Febrero de 1961 al 15 de Octubre de 1978

- **Operación Escudo del Desierto/Tormenta del Desierto** – 29 de Agosto de 1990 al 11 de Abril de 1991

Otras Excepciones para el Servicio Militar

Si usted es residente permanente legal, ha servido durante tres años o más en el ejército de los EE. UU., y presenta su solicitud de naturalización mientras sigue estando en servicio activo o dentro de los seis meses siguientes de su honorable descargo, puede estar exento de los requisitos de un periodo específico de residencia.

Algunas veces hay una excepción si usted es un residente permanente legal casado con un ciudadano de los EE. UU. estacionado fuera de los Estados Unidos. Usted podría no cumplir con los requisitos de residencia o presencia física si el cónyuge ciudadano de los EE. UU. está empleado por alguno de los siguientes:

- Las fuerzas armadas de los EE. UU. o el gobierno de los EE. UU.

- Una institución de investigación norteamericana reconocida

- Una organización religiosa de los EE. UU. reconocida

- Una firma norteamericana comprometida con el desarrollo del comercio de los EE. UU. en otro país

DERECHOS QUE USTED TIENE

Antes de que usted se vuelva ciudadano de los EE. UU., usted sigue teniendo muchos derechos como residente permanente legal:

- Comprar o poseer un arma de fuero, siempre y cuando no existan restricciones estatales o locales que lo impidan

- Solicitar una visa para su esposo o esposa e hijos solteros para que vivan en los EE. UU.

- Obtener Seguridad Social, Seguridad de Ingreso Suplementario y beneficios Medicare, si usted es elegible

- Poseer una propiedad en los EE. UU.

- Solicitar una licencia de manejo en su estado o territorio

- Salir y regresar a los EE. UU. bajo ciertas condiciones

RESPONSABILIDADES QUE USTED TIENE

Con cualquier derecho vienen responsabilidades. Volverse ciudadano de los EE. UU. no conlleva excepciones. Como residente legal de los EE. UU., usted tendrá las siguientes responsabilidades:

- Debe pagar impuestos sobre el ingreso federales, estatales y locales.

- Debe obedecer todas las leyes federales, estatales y locales.

- Si usted es un hombre entre los 18 y los 26 años, debe registrarse con el Servicio Selectivo.

- Se requiere que tenga disponible una tarjeta de residencia todo el tiempo y que la muestre al oficial de inmigración si este se lo solicita.

- Debe renovar su tarjeta antes de su fecha de vencimiento.

- Debe mantener su estatus de inmigración.

- No debe de abandonar los Estados Unidos durante un periodo extendido o mudarse a otro país para vivir ahí permanentemente.

También puede encontrar estos lineamientos en el sitio web del USCIS, disponible en **http://www.uscis.gov/portal/site/uscis.**

★ DATO AMERICANO: EL CAPITOLIO DE LOS ESTADOS UNIDOS ★

El Capitolio de los Estados Unidos es la sede del gobierno para el Congreso de los Estados Unidos, el poder legislativo del gobierno federal de los EE. UU. Está localizado en Washington, D.C., en la cima de la Colina del Capitolio en el lado este del National Mall. El terreno del Capitolio cubre aproximadamente 274 acres.

Fuente: http://en.wikipedia.org/wiki/United_States_Capitol

4
REQUISITOS DE ELEGIBILIDAD
★ PARA NATURALIZACIÓN ★

EL PERMISO DE RESIDENCIA (VISA)

La tarjeta de residencia (green card) es el primer paso para volverse ciudadano de los EE. UU. Antes de que un individuo pueda solicitar la ciudadanía de los EE. UU., él o ella debe tener una tarjeta de residencia (también llamada una "visa"). La tarjeta de residencia establece que un persona es un residente permanente legal de los Estados Unidos. Esta tarjeta le da la habilidad de vivir y trabajar en los Estados Unidos. Cuando solicita un trabajo en los Estados Unidos, los patrones a menudo le pedirán que presente su tarjeta de residencia con propósitos de identificación. Después de cinco años de residencia en los Estados Unidos con la tarjeta de residencia, puede comenzar el proceso de naturalización.

Sin embargo, no se confunda. La tarjeta de residencia en realidad no es verde. Obtuvo su nombre en los días anteriores a la Segunda Guerra Mundial cuando la tarjeta era impresa en papel verde. Desde 1977, la tarjeta ha sido impresa en diversos tipos de papeles, ninguno de los cuales era verde. Hoy día la tarjeta es impresa en un papel blanco amarillento. La tarjeta contiene su nombre y fotografía, así como otra información, tal como su fecha de nacimiento y su firma.

Este capítulo le da un resumen de las maneras en que un individuo puede obtener una tarjeta de residencia. Los capítulos posteriores le proporcionarán más detalles de cada tema.

PROCESO DE LA SOLICITUD

El número de tarjetas de residencia que le dan cada año varia con cada método de solicitud. También puede tardar varios años procesar una solicitud de tarjeta de residencia.

Generalmente hay tres pasos para solicitar una tarjeta de residencia.

Y son:

1. Solicitud del inmigrante

2. Disponibilidad de la visa de inmigrante

3. Adjudicación de la visa de inmigrante

Solicitud del inmigrante

La solicitud del inmigrante es el primer paso para obtener su tarjeta de residencia. Este paso es en el cual el USCIS aprueba su solicitud por medio de calificaciones. Hay dos maneras de calificar: la familia y el patrón.

Para solicitar la inmigración basándose en la familia, usted debe ser un miembro cercano de la familia de un ciudadano de los EE. UU. o de un residente permanente que caigan dentro de uno de las siguientes tres categorías: familiares cercanos, miembros cercanos a la familia y miembros familiares de residentes permanentes.

Anualmente se emiten 140,000 visas de inmigrante basadas en el empleo. Estas visas están divididas en cinco categorías preferenciales: trabajadores prioritarios, excepción por ser de interés nacional, trabajadores calificados (profesionales con título), trabajadores religiosos e inversionistas extranjeros.

Disponibilidad de la Visa de Inmigrante

Este es el segundo paso del proceso para obtener la tarjeta de residencia, a menos que sea familiar cercano de un ciudadano de los EE. UU. Debe haber disponible un número de visa de inmigrante a través del Centro Nacional de Visas. Este número puede no estar disponible incluso si el USCIS aprueba su solicitud durante el primer paso, y pueden pasar varios años para que sea disponible. Las listas de espera son largas porque el número de visas está limitado cada año por cuotas establecidas en el Acta de Inmigración y Nacionalidad, además la visa puede estar restringida por su país natal.

Adjudicación de la Visa de Inmigrante

Este es el tercer y final paso para obtener una tarjeta de residencia en los EE. UU. Aquí, usted debe de solicitar al USCIS que ajuste su estatus actual al estatus de residente permanente, o bien puede solicitarle al Departamento de Estado una visa de inmigrante en el consulado estadounidense más cercano. Usted necesitará que se cambie este estatus para que se le permita venir a los Estados Unidos.

Existen dos maneras para completar este paso:

1. Ajuste de su estatus (AOS, por sus siglas en inglés)

2. Procesamiento consular

AOS

El ajuste de estatus es presentado con el Formato I-485, Solicitud para Registrar una Residencia Permanente o Ajuste de Estatus, en el USCIS. Después de recibir la solicitud, el USCIS lleva a cabo numerosas revisiones de los antecedentes, incluyendo verificación de las huellas digitales y del nombre, para tomar una decisión con respecto a su solicitud. Después de que el USCIS acepta la solicitud, se le permitirá radicar en los Estados Unidos incluso si el periodo original de tiempo indicado en el Formato I-94 ha vencido. Sin embargo, usted no tiene permitido abandonar el país hasta que la solicitud sea rechazada o aprobada. Si por alguna razón tiene que salir del país durante este periodo, puede presentar los documentos de viaje por medio del USCI (Formato I-131, Libertad provisional Adelantada).

Procesamiento Consular

Aunque es una alternativa al AOS, este método sigue requiriendo que la solicitud de visa de inmigrante sea completada. Este método es mejor si usted radica fuera de los Estados Unidos. Puede sacar una cita en un consulado de los EE. UU. en su país y tener la oferta de consular de que se examinará su caso. Si se aprueba, se emitirá una visa de inmigrante estampada en su pasaporte. Unas semanas antes de su entrada a los Estados Unidos, su tarjeta de residencia oficial le será enviada por correo a su dirección en los EE. UU.

ELEGIBILIDAD PARA LA TARJETA DE RESIDENCIA

No todos son elegibles para obtener una tarjeta de residencia. Una tarjeta de residencia puede ser obtenida a través de:

- Contactos familiares

- Matrimonio con un Ciudadano de los EE. UU.

- Empleo

- La lotería de la tarjeta de residencia

- Inversión

- El programa de beneficios humanitarios

Conexiones Familiares

Los ciudadanos de los EE. UU. pueden apadrinar a su cónyuge, padres, hermanos y hermanas o bien hijos e hijas solteros. Los padres, cónyuge o hijos menores de edad de los ciudadanos de los EE. UU. son familiares cercanos. Estas personas no tienen que esperar por un número de visa. Su procesamiento usualmente comienza cuando se recibe. No hay restricciones en el número de parientes cercanos que pueden inmigrar a los EE. UU. cada año.

Existen varios requisitos. El padrino debe:

- Ser ciudadano o residente permanente legal

- Ser capaz de probar que él o ella es ciudadano de los EE. UU. o residente permanente legal

- Estar dispuesto y capaz de aceptar la responsabilidad tanto legal como financiera

- Si va a obtener la aprobación por medio de un(a) hermano(a), deben tener los mismos padres.

- Debe de tener 21 años de edad para apadrinar a sus parientes para obtener la tarjeta de residencia

En caso que usted sea un progenitor ciudadano de los EE. UU. que está haciendo la solicitud para sus hijos menores, aplican las siguientes condiciones:

- El niño o niños deben tener menos de 21 años (Si su hijo(a) tiene 21 años o más, él o ella caen en una categoría preferencial, como se discutirá en un capítulo posterior).

- Se debe presentar una solicitud I-130 por separado por cada hijo.

- Cualquier hijo de los hijos menores solteros puede ser incluido.

- Un padrastro (madrastra) puede hacer la solicitud para su hijastro(a) si el matrimonio de los padres tuvo lugar antes de que el hijastro(a) cumpliera 18 años.

- Un padre puede hacer la solicitud para sus hijos adoptivos si la adopción tuvo lugar antes que el niño cumpliera 16 años, y el padre y el niño hayan vivido juntos por lo menos dos años.

Si usted es ciudadano de los EE. UU. y va a hacer la solicitud para uno o sus dos padres, aplican las siguientes instrucciones:

- El hijo ciudadano de los EE. UU. que hace la solicitud para sus padres debe tener 21 años de edad.

- Se debe presentar una solicitud I-130 por scparado por cada padre.

- Una solicitud para apadrinar a los padres no incluye a los hijos menores de los padres (hermanos del solicitante). Estas personas caen dentro de categorías preferenciales. Veremos la información sobre las categorías preferenciales más adelante en este capítulo.

- Un ciudadano de los EE. UU. puede hacer la solicitud para un padrastro (madrastra) si el matrimonio tuvo lugar antes de que el hijo ciudadano de los EE. UU. cumpliera 18 años de edad.

Cónyuges de Ciudadanos de los EE. UU.

Si usted va a obtener una tarjeta de residencia por medio de su matrimonio con un ciudadano norteamericano, puede tener una ventaja. Los cónyuges de ciudadanos de los EE. UU. son considerados familiares cercanos y no deben de esperar a tener un número de visa. Debe proporcionar la documentación necesaria para probar que su matrimonio es genuino.

Solicitudes Basadas en el Empleo

Puede obtener una visa por medio de un empleo si una compañía de los EE. UU. le ofrece un trabajo para el cual usted es competente. El patrón de los EE. UU. tendrá que anunciar la disponibilidad del trabajo y demostrar que ningún ciudadano de los EE. UU. calificado o residente permanente lo ha solicitado.

Inversión

Para calificar por la ciudadanía por inversión, necesita ser capaz de invertir entre $500,000 y $1 millón en capital para crear un negocio en el cual pueda dar empleo a por lo menos diez trabajadores de los EE. UU. Esto lo calificaría para poder entrar a los EE. UU. con su cónyuge e hijos.

La Lotería de la Tarjeta de Residencia

Si una persona está en una categoría de baja preferencia, él o ella podrían conseguir una visa más rápido entrando al Programa de Lotería de Visa de Diversidad. Cada año alrededor de 50,000 visas de inmigrante son distribuidas a gente de países con bajas tasas de inmigración. Esta lotería está basada en su país natal, el cual puede no ser el mismo país donde usted mantiene su ciudadanía.

Beneficios Humanitarios

Además de las categorías anteriores, la ley de inmigración proporciona varios mecanismos por motivos humanitarios para ayudar a los individuos que necesitan refugio o ayuda por varios desastres y opresión, tales como los siguientes:

- Asilo

- Estatus protegido temporal (TPS, por sus siglas en inglés)

- Estatus de refugiado

- Acta de la Violencia Contra las Mujeres (VAWA, por sus siglas en inglés)

- Libertad condicional humanitaria

5
MÉTODOS PARA OBTENER
★ LA TARJETA DE RESIDENCIA ★

De acuerdo con el sitio web de los Servicios de Ciudadanía e Inmigración (USCIS, por sus siglas en inglés) (www. USCIS.gov), una tarjeta de residencia le otorga un estatus oficial de inmigración (Residencia Permanente Legal) en los Estados Unidos. En el capítulo anterior, fuimos brevemente introducidos a las seis maneras en que puede calificar por una visa. Puede ser elegible para obtener una visa a través de los siguientes medios:

- Contactos familiares

- Matrimonio con un Ciudadano de los EE. UU.

- Empleo

- La lotería de la tarjeta de residencia

- Inversión

- El programa de beneficios humanitarios

Las siguientes secciones proporcionarán una revisión más profunda de estas seis maneras de obtener una visa en los Estados Unidos.

OBTENER UNA VISA A TRAVÉS DE CONTACTOS FAMILIARES

Una de las maneras más sencillas para obtener una visa de los EE. UU. es a través de los contactos familiares. Esto es debido a que el departamento de inmigración de los EE. UU. quiere reunir a las familias. Este método para obtener una visa le permite a un miembro familiar elegible solicitar una visa en su nombre.

¿Quién es Elegible?

Para que un miembro de la familia pueda apadrinar su inmigración a los Estados Unidos, el miembro de la familia debe de satisfacer los siguientes criterios:

- Ser ciudadano o residente permanente legal de los EE. UU. y ser capaz de proporcionar la documentación que acredite ese estatus.

- Deben de probar que pueden mantenerlo un 125% por arriba de la línea de pobreza autorizada, llenando una Declaración jurada de Respaldo Económico.

Los parientes que pueden ser apadrinados como inmigrantes varían dependiendo de si el padrino es Ciudadano de los EE. UU. o un residente permanente legal. En cualquiera de los dos, el padrino debe ser capaz de probar el parentesco.

Si el padrino es Ciudadano de los EE. UU., puede solicitar la inmigración a los EE. UU. de los siguientes parientes extranjeros:

- Esposo o esposa

- Hijos solteros menores de 21 años de edad

- Hijo o hija soltero(a) mayor de 21 años

- Hijo o hija casado(a) de cualquier edad

- Hermano o hermana, si el benefactor tiene por lo menos 21 años de edad

- Padres, si el benefactor tiene por lo menos 21 años de edad

Si el benefactor es residente permanente legal, puede solicitar la inmigración a los EE. UU. de los siguientes parientes extranjeros:

- Esposo o esposa

- Hijo o hija soltero(a) de cualquier edad

Proceso de la Solicitud

Para solicitar una visa utilizando contactos familiares, el miembro de la familia elegible que sea ciudadano de los EE. UU. debe presentar el Formato I-130. Este formato debe estar acompañado de una prueba del parentesco que existe entre el ciudadano y el no ciudadano. A partir de ahí, el USCIS debe de aprobar o negar la solicitud de visa de inmigrante. El USCIS le notifica a la persona que presentó la solicitud de visa si esta fue aprobada. Posteriormente, el USCIS enviará la solicitud de visa aprobada al Departamento del Centro Estatal de Visas Nacionales, donde permanecerá hasta que esté disponible un número de visa de inmigrante. Luego el Departamento de Estado determina si hay disponible de manera inmediata un número de visa de inmigrante para el no ciudadano incluso si ya están en los Estados Unidos. El Centro avisará a la persona extranjera cuando sea recibida la solicitud de visa y de nueva cuenta cuando esté disponible un número de visa de inmigrante. Cuando esté disponible un número de visa de inmigrante, quiere decir que el no ciudadano puede solicitar tener uno de los números de visa de inmigrantes que le haya sido asignado. Los solicitantes pueden verificar el estatus de un número de visa en el Boletín de Visa del Departamento de Estado.

Si el solicitante ya está en los Estados Unidos, puede solicitar un cambio a su estatus al de residente permanente legal después que este disponible un número de visa. Esta es una manera de hacer la solicitud para asegurar un número de visa de inmigrante. Si el solicitante radica fuera de los Estados Unidos cuando está disponible el número de visa de inmigrante, debe ir al consulado de los EE. UU. que da servicio al área donde vive para completar su procesamiento. Esta es la otra manera de asegurar un número de visa de inmigrante.

Las personas que desean volverse inmigrantes son clasificadas en categorías basadas en un sistema de preferencia. Puede encontrar mayor información respecto a este sistema de preferencia en el sitio Web del USCIS.

OBTENCIÓN DE UNA VISA POR MEDIO DE MATRIMONIO CON UN CIUDADANO DE LOS EE. UU

El Acta de Equidad de la Inmigración Legal de la Familia (Acta LIFE por sus siglas en inglés) y sus enmiendas, permite que el cónyuge o hijo (a) de un ciudadano de los EE. UU. sea admitido en los Estados Unidos en una categoría no inmigrante. Esta clase de visa es considerada K-3 y K-4, siendo la K-3 el cónyuge no ciudadano y la K-4 el hijo (a) no ciudadano. Este tipo de admisión al país permite que el cónyuge o hijo (a) puedan completar el procesamiento requerido para obtener la residencia permanente mientras vivan en los Estados Unidos. El Acta LIFE también permite que el cónyuge o hijo (a) consigan empleo dentro de los EE. UU. mientras están esperando el procesamiento de su caso de residencia permanente.

¿Quién es Elegible?

Una persona puede ser elegible para recibir una visa bajo el Acta LIFE si esa persona:

- Posee un matrimonio válido con un ciudadano de los EE. UU.

- Tiene una solicitud de familiar (Formato I-130) presentada por el cónyuge, el cual es ciudadano de los EE. UU., del solicitante

- Quiere entrar a los Estados Unidos para esperar la aprobación de su solicitud para ser residente permanente

- Envió un Formato I-129F aprobado (Solicitud para un (a) Prometido (a) Extranjero (a) al Consulado estadounidense en el extranjero en el cual el no ciudadano desea solicitar una visa

- Es menor de 21 años de edad e hijo (a) soltero (a) de un extranjero elegible para recibir una visa debido a que cumple las estipulaciones anteriores.

Proceso de la Solicitud

Para solicitar la recepción de una visa por medio de los Estados Unidos, el cónyuge estadounidense válido primero debe presentar el Formato I-130 a nombre del no ciudadano. A partir de ahí, el ciudadano de los EE. UU. recibirá el Formato I-797, el cual es el formato de Aviso e indica que el I-130 ha sido recibido por el USCIS. Luego el ciudadano de los EE. UU. válido debe presentar una copia de este formato I-797, junto con un Formato I-129F en nombre del cónyuge no ciudadano y cualquier hijo, ante el Centro de Servicio donde la solicitud subyacente I-130 está pendiente. Los solicitantes deben estar seguros que utilizan la dirección listada en el aviso de recepción más reciente o aviso de transferencia e incluir una copia de ese aviso a su Formato I-129F.

Los solicitantes deben de seguir cuidadosamente todas las instrucciones de cada formato y de proporcionarle al Centro de Servicio toda la documentación necesaria. Después de recibir el Formato I-129F, la solicitud será reenviada al consulado pertinente para que el (los) beneficiario (s) extranjeros puedan solicitarle al Departamento de Estado una visa de no inmigrante.

OBTENCIÓN DE UNA VISA POR MEDIO DE UN EMPLEO

Obtener una tarjeta de residencia por medio de un empleo es difícil e incierto. A menos que usted sea una persona reconocida internacionalmente, una compañía de los EE. UU. debe ofrecerle un trabajo para el que usted sea competente. Además, para la mayoría de los trabajos, el patrón de los EE. UU. tendrá que anunciar la disponibilidad del trabajo y demostrar que ningún ciudadano de los EE. UU. o residente permanente lo ha solicitado. El proceso para demostrar que un extranjero es el único trabajador calificado que puede ocupar una posición abierta es llamado certificación de trabajo.

¿Quién es Elegible?

Hay cuatro categorías para otorgar la residencia permanente a los nacionales extranjeros basados en el empleo:

- EB-1 Trabajadores prioritarios:

- Nacionales extranjeros que poseen una habilidad extraordinaria en las ciencias, artes, negocios o deportes

- Nacionales extranjeros que son profesores o investigadores extraordinarios

- Nacionales extranjeros que son gerentes y ejecutivos sujetos a transferencia internacional a los Estados Unidos

EB-2 Profesionales con estudios avanzados o personas con una habilidad excepcional:

- Nacionales extranjeros de habilidad excepcional en las ciencias, artes o negocios

- Nacionales extranjeros que son profesionales con estudios avanzados

- Médicos extranjeros calificados que practicarán la medicina en un área marginada de los EE. UU.

EB-3 Trabajadores profesionales o expertos:

- Nacionales extranjeros con licenciatura (no califican para una categoría de preferencia más alta)

- Nacionales extranjeros que son trabajadores expertos (con un mínimo de dos años de entrenamiento y experiencia)

- Nacionales extranjeros que son trabajadores sin especialización

EB-4 Inmigrantes Especiales

- Nacionales extranjeros que son trabajadores religiosos

- Empleados y antiguos empleados del Gobierno de los Estados Unidos en el extranjero

Proceso de la Solicitud

Si desea convertirse en inmigrante basándose en el hecho que tiene una oportunidad de empleo permanente en los Estados Unidos, o si usted es un patrón que desea patrocinar a alguien para que obtenga la residencia permanente legal basándose en un empleo permanente en los Estados Unidos, debe pasar a través de un proceso de múltiples pasos.

- Los nacionales extranjeros y los patrones deben determinar si el nacional extranjero es elegible para obtener la residencia permanente legal bajo uno de los caminos de la USCIS para obtener la residencia permanente legal.

- La mayoría de las categorías de empleo requieren que el patrón estadounidense complete una solicitud de certificación de trabajo (Formato ETA 750) para el solicitante y la envíe al Departamento de Administración de Empleo y Entrenamiento de los Trabajadores (*Department of Labor's Employment and Training Administration*). El Departamento de los Trabajadores debe otorgar o negar la solicitud de certificación. Los médicos extranjeros calificados que practicarán la medicina en un área de los Estados Unidos que haya sido certificada como marginada por parte del Departamento Estadounidense de Salud y Servicios Sociales están exentos de cumplir este requisito.

- El USCIS debe aprobar una solicitud de visa de inmigrante, el Formato I-140, Solicitud para un Trabajador Extranjero, para la persona que desea inmigrar a los Estados Unidos. El patrón que desea traer el solicitante a los Estados Unidos para que trabaje de manera permanente presenta esta solicitud. Sin embargo, si se necesita una certificación del

Departamento de los Trabajadores, la solicitud solo puede ser presentada después que se haya otorgado. El patrón actúa como el patrocinador (o peticionario) del solicitante (o beneficiario) que desea vivir y trabajar de manera permanente en los Estados Unidos.

• El Departamento de Estado debe darle al solicitante un número de visa de inmigrante, incluso si el solicitante ya está en los Estados Unidos. Cuando el solicitante recibe un número de visa de inmigrante, implica que se ha asignado una visa de inmigrante. Puede verificar el estatus de un número de visa en el Boletín de Visa del Departamento de Estado.

• Si el solicitante ya está en los Estados Unidos, él o ella deben solicitar el cambio de su estatus al de residente permanente después de que esté disponible un número de visa. Si el solicitante está fuera de los Estados Unidos cuando dicho número esté disponible, él o ella serán notificados y deben completar el proceso en la oficina consular de los EE. UU. de su localidad.

OBTENCIÓN DE UNA VISA POR MEDIO DEL PROGRAMA DE LOTERÍA DE DIVERSIDAD

Cada año, el Programa de Lotería de Diversidad (DV, por sus siglas en inglés) pone a la disposición de la gente proveniente de países con bajas tasas de inmigración a los Estados Unidos la cantidad de 55,000 visas de inmigrante por medio de una lotería. De dichas visas, 5,000 son asignadas para ser utilizadas bajo NACARA a partir de DV '99. El Departamento de Estado (DOS) lleva a cabo la lotería una vez al año, y de manera aleatoria selecciona a aproximadamente 110,000 solicitantes de entre todas las entradas calificadas. El DOS selecciona a aproximadamente 110,000 solicitudes ya que muchas de ellas no completarán el proceso de visa. Sin embargo, una vez que se han emitido 55,000 o bien termina el año fiscal, el programa DV es cerrado. Si usted recibe una visa a través del Programa de Lotería de Visa de Diversidad le será autorizado vivir y trabajar de manera permanente en los Estados Unidos. También se le permitirá traer a los Estados Unidos a su cónyuge y cualquier hijo soltero menor de 21 años.

¿Quién es Elegible?

Para ser elegible para entrar al Programa DV:

- Usted o su cónyuge deben ser nativos de un país que sea elegible para participar en la Lotería de Visa de Diversidad. También puede ser elegible para hacer la solicitud si sus padres nacieron en un país que puede participar. (El Departamento de Estado publicará los nombres de los países que son elegibles para participar en la lotería de cada año)

- Debe tener un diploma de preparatoria o su equivalente, definido en los Estados Unidos como la terminación exitosa de un curso de educación elemental y secundaria de 12 años; O tener dos años de experiencia laboral dentro de los últimos cinco años en una ocupación que requiera como mínimo dos años de entrenamiento o experiencia para poder desempeñarla.

- Vea la información del Departamento de Estado sobre el programa DV en el siguiente enlace Web: http://travel.state.gov/visa/immigrants/types/types_1322.html.

Proceso de la Solicitud

Antes del sorteo de la lotería de cada año, el Departamento de Estado publicará las instrucciones explícitas de cómo hacer la solicitud en comunicados de prensa y el Registro Federal. Por favor siga todas las instrucciones exactamente. Millones de solicitantes son rechazados cada año porque no siguen las direcciones de manera exacta. Por favor vea el sitio Web del Departamento de Estado para obtener mayor información sobre el Programa de Lotería de Visa de Diversidad. Por lo regular las instrucciones son publicadas en Agosto y el periodo de registro usualmente se lleva a cabo en Octubre de cada año. Puede encontrar instrucciones más específicas en el enlace que listamos anteriormente.

No hay cuota para entrar a la lotería de visa de diversidad. Si gana, debe pagar una cuota para la visa de inmigrante y un sobrecargo por separado de la lotería de visa. Solo los ganadores serán notificados por correo en las direcciones que están en sus solicitudes. Se les enviarán instrucciones e información sobre las cuotas. Ser seleccionado como ganador en la lotería de visa de diversidad no garantiza automáticamente que se le emitirá una visa, incluso si está calificado. El número de entradas seleccionadas es más grande que el número de visas de inmigrante disponibles porque no todos los seleccionados estarán calificados para obtener la visa o elegirán completar el proceso. Una vez que se hayan emitido 50,000 visas, el programa de visa de diversidad del año se dará por terminado. Por favor vea el sitio Web del Departamento de Estado para obtener mayor información sobre el Programa de Lotería de Visa de Diversidad. También puede llamar al Centro de Información de la Lotería de Visa del Departamento de Estado al 1-900-884-8840 para obtener mayor información. Por favor tome en cuenta esto: Hay un cargo por cada llamada. También puede ponerse en contacto con el Consulado o Embajada de los EE. UU. más cercana. Puede encontrar una lista de las Embajadas y Consulados de los EE. UU. en el sitio Web del Departamento de Estado.

OBTENCIÓN DE UNA VISA POR MEDIO DE INVERSIONES

Usted puede obtener una tarjeta de residencia si invierte en los Estados Unidos. Si usted es un inversionista calificado que puede dar empleo a por lo menos diez trabajadores de los EE. UU., puede entrar a los EE. UU. con su cónyuge e hijos a través del programa de inversionista inmigrante. Cada año hay disponibles 10,000 visas de inmigrantes para individuos calificados que buscan el estatus de residente permanente en base a su compromiso con una nueva empresa comercial.

¿Quién es Elegible?

El estatus de residente permanente está disponible para los inversionistas, ya sea solo o junto con su esposa e hijos solteros. Los extranjeros elegibles son aquellos que han invertido - o están activos en el proceso de inversión - el monto requerido de capital en una empresa comercial nueva que hayan fundado. Además deben de demostrar que esta inversión beneficiará a la economía de los Estados Unidos y creará el número requerido de trabajos de tiempo completo para personas calificadas dentro de los Estados Unidos.

En general, los "individuos elegibles" incluyen a aquellos que:

- Establecen una nueva empresa comercial

- Crear un negocio original

- Comprar un negocio existente y de manera simultanea o subsecuente lo reestructuran o reorganizan para que de lugar a una nueva empresa comercial

- Expandir un 140 por ciento el número de trabajos o el valor neto que había antes de la inversión de un negocio existente, o bien, retener todos los trabajos existentes en un negocio en problemas que ha perdido el 20 por ciento de valor neto durante los últimos 12 a 24 meses

- Que han invertido – o están participando de manera activa en el proceso de inversión – en una nueva empresa comercial:

    Por lo menos $1,000,000

    Por lo menos $500,000 cuando la inversión se haga en un "área de desarrollo de empleo" la cual es un área que ha experimentado un desempleo de por lo menos un 150 por ciento de la tasa promedio nacional o un área rural como es designada por la OMB

- Cuyo compromiso con una nueva empresa comercial beneficiará a la economía de los Estados Unidos y

- Crear empleo de tiempo completo para no menos de 10 individuos calificados

- Mantener el número de empleados existentes a un nivel no menor al que había antes de la inversión durante un periodo de por lo menos dos años, donde la inversión de capital se hace en un "negocio en problemas", el cual debe ser un negocio que ha existido durante por lo menos dos años y ha perdido el 20 por ciento de su valor neto durante los últimos 12 a 14 meses.

Proceso de la Solicitud

Para conseguir el estatus de inmigrante inversionista, debe presentar en el CIS el Formato I-526, Solicitud de Inmigración de un Empresario Extranjero. El Formato I-526 debe ser presentado con la documentación de apoyo que demuestre claramente que la inversión del individuo satisface todos los requisitos, tales como:

- Establecer una nueva empresa comercial.

- Invertir el monto de capital requerido.

- Probar que la inversión proviene de una fuente legal de fondos.

- Crear el número de trabajos requerido.

- Demostrar que es inversionista participa de manera activa en el negocio; y, donde sea aplicable.

- Crear empleo en un área de desarrollo del empleo.

Una vez que el Formato I-526 sea aprobado, el inversionista inmigrante puede obtener el estatus de residente condicional presentando el Formato I-485, Solicitud para Registrar la Residencia Permanente o Cambio de Estatus, si reside dentro de los Estados Unidos. Para volverse residente permanente legal, el inversionista elegible debe de presentar un Formato I-829, Solicitud por parte de un Empresario para Eliminar Condiciones. El Formato I-829 debe ser presentado dentro de los 90 días anteriores al segundo aniversario de la admisión del Inversionista Extranjero a los Estados Unidos como residente condicional.

OBTENCIÓN DE UNA VISA POR MEDIO DE BENEFICIOS HUMANITARIOS

La ley de inmigración proporciona diversos programas humanitarios para ayudar a los individuos que tienen necesidad de refugio o ayuda debido a varios desastres y a la opresión, tales como los siguientes:

- Estatus Protegido Temporal (TPS, por sus siglas en inglés)
- El Acta de Violencia Contra las Mujeres (VAWA, por sus siglas en inglés)
- Asilo
- Programas para Refugiados
- Admisión Condicional Humanitaria
- El Acta de las Víctimas de Tráfico y Protección contra la Violencia (VTVPA, por sus siglas en inglés)

La siguiente información le dará una breve revisión de estos programas; Sin embargo, debido a que estos programas poseen requisitos complicados y largos, debería visitar el Sitio Web del USCIS para obtener información a profundidad sobre los procesos de solicitud, requisitos de elegibilidad y los formatos que necesitan ser llenados.

Estatus Protegido Temporal

TPS es un estatus de inmigración temporal otorgado a nacionales elegibles de ciertos países. En 1990, como parte del Acta de Inmigración de 1990, el Congreso estableció un procedimiento mediante el cual el Ministro de Justicia puede proporcionar el TPS a extranjeros en los Estados Unidos que temporalmente no pueden regresar con seguridad a su país natal debido a un conflicto armado en curso, un desastre ambiental u otras condiciones extraordinarias o temporales. El 1 de Marzo de 2003, a consecuencia del Acta de Seguridad Nacional del 2002, la autoridad para designar un país para TPS y para extender y terminar las designaciones TPS, fue transferida del Ministro de Justicia al Secretario de Seguridad Nacional. Al mismo tiempo, la responsabilidad de administrar el programa TPS fue transferida del antiguo Servicio de Inmigración y Naturalización al USCIS.

Durante el periodo durante el cual un país ha sido designado TPS, los beneficiarios del TPS pueden permanecer en los Estados Unidos y obtener una autorización de trabajo. Sin embargo, el TPS no lleva al estatus de residente permanente. Cuando la Secretaría termina una designación TPS, los beneficiarios retornan al mismo estatus de inmigración que tenían antes del TPS (a menos que ese estatus haya expirado o terminado desde entonces) o a cualquier otro estatus que pudieran haber adquirido mientras estaban registrados para TPS. En conformidad, si un extranjero tenía un estatus ilegal antes de recibir el TPS y no obtuvo ningún estatus durante la designación TPS, el extranjero regresa al estatus ilegal al termino de esa designación TPS.

Un extranjero que sea nacional de un país (o extranjero que no teniendo la nacionalidad habitualmente resida en ese país) designado para TPS es elegible para solicitar los beneficios TPS si él o ella:

- Establece la presencia física continua necesaria y residencia continua en los Estados Unidos como se especificó para cada designación

- No está sujeto a una de las prohibiciones criminales, relacionadas con la seguridad, o de otro tipo para TPS

- Oportunamente solicita los beneficios TPS. Si el Secretario de Seguridad Nacional extiende una designación TPS más allá del periodo inicial de designación, el beneficiario debe volver a hacer el registro de manera oportuna para mantener sus beneficios TPS bajo el programa TPS

Un extranjero no es elegible para TPS, si él o ella:

- Han sido condenados por algún crimen o dos o más delitos cometidos en los Estados Unidos

- Es un perseguidor, o de lo contrario está sujeto a alguna de las prohibiciones para obtener asilo

- Está sujeto a uno de los diversas motivos de in-admisibilidad relacionadas con el crimen o el terrorismo para los cuales no hay disponible ninguna dispensa

El Acta de Violencia Contra las Mujeres

Bajo el Acta de Violencia Contra las Mujeres (VAWA) aprobada por el Congreso en 1994, los cónyuges e hijos de los ciudadanos de los Estados Unidos o de los residentes permanentes legales (LPR, por sus siglas en inglés) pueden presentar una auto-solicitud para obtener la residencia permanente. Las provisiones de inmigración del VAWA permiten que ciertos inmigrantes maltratados presenten el alivio de inmigración sin la asistencia o conocimiento del abusador. Las víctimas de violencia doméstica deben saber que pueden ser ayudadas a través de la Línea de Ayuda Nacional de Violencia Doméstica al 1-800-799-7233 ó 1-800-787-3224 con información sobre refugios, atención de la salud mental, consejo legal y otros tipos de asistencia, incluyendo información para auto-solicitar el estatus de inmigración.

Para ser elegible para presentar una auto-solicitud (una solicitud que usted presenta para si mismo para obtener beneficios de inmigración) usted debe calificar bajo una de las siguientes categorías:

- **Cónyuge:** Usted puede hacer una auto-solicitud si es un cónyuge maltratado casado con un ciudadano estadounidense o de un residente permanente legal. Hijos solteros menores de 21 años de edad, que no hayan presentado su auto-solicitud, pueden ser incluidos en su solicitud como beneficiarios derivados.

- **Padres:** Usted puede auto-solicitar si es padre de un niño que ha sufrido abuso por parte de su cónyuge que es ciudadano estadounidense o residente permanente legal. Sus hijos (menores de 21 años de edad y solteros), incluyendo a aquellos que quizás no hayan sufrido abuso, pueden ser incluidos en su solicitud como beneficiarios derivados, en caso de que no hayan presentado su propia auto-solicitud.

- **Niño:** Usted puede presentar una auto-solicitud si es un niño maltratado (menor de 21 años de edad y soltero) que ha sufrido abuso por parte de un padre ciudadano estadounidense o residente permanente legal. Sus hijos (menores de 21 años de edad y solteros), incluyendo aquellos que quizás no hayan sufrido abuso, pueden ser incluidos en su solicitud como beneficiarios derivados.

Para hacer una auto-solicitud, usted debe de completar y presentar un Formato USCIS I-360 e incluir toda la documentación de apoyo. Las auto-solicitudes se presentan ante el Centro de Servicio en Vermont y deben ser enviadas por correo certificado con acuse de recibo (o cualquier otro método que asegure el acuse de recibo). Puede encontrar mayor información sobre el proceso de solicitud y los requisitos de elegibilidad específicos en el Sitio Web de la USCIS.

Asilo

El Asilo es una forma de protección que permite que los individuos que están en los Estados Unidos permanezcan aquí, una vez probado que satisfacen la definición de refugiado y no tienen prohibido solicitar o que se les otorgue asilo, y eventualmente ajustar su estatus a residente permanente legal.

Cada año, miles de personas vienen a los Estados Unidos necesitando protección debido a que han sufrido persecución o tienen miedo de ser perseguidos debido a su raza, religión, nacionalidad, afiliación a un grupo social en particular u opinión política. Aquellos que se descubre que son elegibles para solicitar asilo tienen permitido permanecer en los Estados Unidos.

A diferencia del Programa Estadounidense de Refugiados, el cual cual proporciona protección a los refugiados trayéndolos a los Estados Unidos para su re-establecimiento, el Programa Estadounidense de Asilo proporciona protección a refugiados calificados que ya están en los Estados Unidos o están buscando entrar a los Estados Unidos en un puerto de entrada. Las personas que buscan asilo pueden solicitar asilo en los Estados Unidos sin importar cual sea su país de origen. No hay cuota en el número de individuos a los que se les puede conceder asilo cada año (con la excepción de individuos cuya solicitud está basada exclusivamente en la persecución por resistirse a las medidas coercitivas de control de la población).

Para solicitar asilo en los Estados Unidos, usted puede solicitar asilo en el puerto de entrada (aeropuerto, puerto marítimo o al cruzar la frontera), o presentar un Formato I-589, Solicitud de Asilo y para la Aplazamiento de Expulsión, en el apropiado Centro de Servicio dentro del primer año de su arribo a los Estados Unidos, ya sea que esté en los Estados Unidos legalmente o ilegalmente.

Usted debe de solicitar asilo dentro del primer año de su última llegada a los Estados Unidos; sin embargo, puede solicitar asilo después de ese primer año si han cambiado las circunstancias que materialmente afectan su elegibilidad para asilo o por circunstancias extraordinarias que están directamente relacionadas con que no haya podido presentarlo dentro del primer año.

Programas de Refugiados

Cada año millones de personas alrededor del mundo son desplazadas por la guerra, la hambruna y disturbios civiles y políticos. Otros son forzados a abandonar sus países para escapar al riesgo de muerte y tortura a manos de sus perseguidores. Los Estados Unidos trabajan con otras organizaciones gubernamentales, internacionales y privadas para proporcionar alimentos, atención médica y refugio a millones de refugiados a lo largo y ancho del mundo. Además, los Estados Unidos consideran el reasentamiento de las personas en los EE. UU. como refugiados. Aquellos que son admitidos deben ser de preocupación humanitaria especial y demostrar que fueron perseguidos, o tienen un miedo bien fundado de ser perseguidos debido a su raza, religión, nacionalidad, opinión política o afiliación a un grupo social en particular.

Cada año, el Departamento de Estado prepara un Reporte al Congreso sobre propuestas de admisiones de refugiados, posteriormente el Presidente de los Estados Unidos consulta con el Congreso y establecen los techos propuestos para admisiones de refugiados para el año fiscal.

La elegibilidad para ser considerado está gobernada por un sistema de procesamiento de prioridades. Los refugiados pueden ser elegibles para una entrevista para re-establecimiento en los Estados Unidos si:

- El Alto Comisionado de las Naciones Unidas para Refugiados (UNHCR, por sus siglas en inglés) o la embajada de los EE. UU. los recomienda a los Estados Unidos para ser re-establecidos.

- Son miembros de grupos específicos con características especiales en ciertos países como se determina periódicamente por el gobierno de los Estados Unidos. (Para algunos grupos, solo aquellos que tengan parientes en los Estados Unidos son elegibles)

Si usted cree que necesita protección, podría hacer del conocimiento del UNHCR o de una agencia internacional voluntaria sin fines de lucro su preocupación. Si cualquiera de estas organizaciones no está a su disposición, deberá ponerse en contacto con la Embajada o Consulado de los EE. UU. más cercano. Cuando sea apropiado, un representante de una de estas organizaciones discutirá su situación con usted para saber si es elegible para solicitar su re-establecimiento en los Estados Unidos. Si es así, deberá completar un paquete de formatos, y el USCIS llevará a cabo una entrevista formal con usted para determinar si califica para el estatus de refugiado. Si el USCIS determina que usted debe ser re-establecido en los Estados Unidos como refugiado, el Departamento de Estado de los EE. UU., junto con otras organizaciones, completará su procesamiento. No hay cuotas de solicitud.

Para calificar como refugiado, usted debe probar que cumple con la definición de refugiado del Acta de Inmigración y Nacionalidad. Generalmente, los refugiados son personas que fueron perseguidas en sus tierras natales o tienen un miedo bien fundado de ser perseguidos ahí en base a su raza, religión, nacionalidad, afiliación a un grupo social en particular u opinión política.

Admisión Condicional Humanitaria

El Secretario del Departamento de Seguridad Nacional puede, a su discreción, otorgar la admisión condicional en los Estados Unidos temporalmente, bajo condiciones que este puede establecer caso por caso, debido a razones humanitarias urgentes o debido a un beneficio público significativo, de cualquier extranjero que solicite entrar a los Estados Unidos.

La Admisión Condicional Humanitaria no puede ser utilizada para eludir los procedimientos normales para emitir una visa, ni como un instrumento para evitar la disponibilidad preferencial de visa de inmigrante o el procesamiento del estatus de refugiado. A falta de circunstancias urgentes, a menos que todos los demás métodos legales de inmigración (tales como solicitar una visa de no inmigrante) hayan sido agotados por un extranjero, la admisión condicional no será aprobada. La admisión condicional es una medida extraordinaria, utilizada muy poco para traer un extranjero a los Estados Unidos, quien de otra manera sería inadmisible, durante un periodo temporal de tiempo debido a una emergencia bastante apremiante. Observe que la Admisión Condicional Humanitaria solo puede ser solicitada por personas que radican fuera de los EE. UU.

Una solicitud de admisión condicional humanitaria puede ser presentada por cualquiera con el Formato I-131, Solicitud de un Documento de Viaje. Hay una cuota de presentar solicitudes de Admisión condicional humanitaria. Adicionalmente, también se requiere el Formato I-134, Declaración Jurada de Respaldo Económico para asegurar que el solicitante no se volverá una carga pública.

El Acta de las Víctimas de Tráfico y Protección contra la Violencia del 2000

El Congreso aprobó el Acta de las Víctimas de Tráfico y Protección contra la Violencia del 2000 (VTVPA, por sus siglas en inglés) para poder otorgar:

- A los individuos que han sido victimizados de la manera más severa la habilidad de permanecer en los

EE. UU. (Temporalmente y en algunos casos por un tiempo mayor) y recibir asistencia federal y estatal

- Protecciones para víctimas de ciertos crímenes incluyendo víctimas de crímenes con las mujeres

- A las agencias encargadas del orden público una ley integral que les permitirá llevar a cabo la persecución y condena de los traficantes

Entre aquellos a quienes podría interesar esta información están:

- Las víctimas de una forma severa de tráfico y entidades no gubernamentales que podrían estar trabajando con dichas víctimas

- Los oficiales del orden público para que puedan tener una mejor comprensión de quién es considerado una víctima de una forma severa de tráfico

- Al público en general sobre cómo el Gobierno de los Estados Unidos perseguirá a los traficantes de personas

FUENTES PARA OBTENER MAYOR INFORMACIÓN

Las siguientes agencias y organizaciones gubernamentales ofrecen información de utilidad a la gente que desea obtener una visa para inmigrar a los Estados Unidos. Muchos de los formatos mencionados en este capítulo pueden ser encontrados en línea en formato PDF en los siguientes Sitios Web del gobierno. También puede ponerse en contacto con estas agencias gubernamentales en los números telefónicos o direcciones listadas a continuación.

- Servicios de Ciudadanía e Inmigración (USCIS, *U.S. Citizenship and Immigration Services*)
  Teléfono: 1-800-375-5283
  (TTY 1-800-767-1833)
  Sitio Web: **www.uscis.gov**

- Departamento Estadounidense de Seguridad Nacional (DHS, *U.S. Department of Homeland Security*)
  Washington, D.C. 20528
  Teléfono: 202-282-8000
  Sitio Web: **www.dhs.gov**

- Departamento de Estado de los EE. UU. (*U.S. Department of State*)
  2201 C Street NW
  Washington, DC 20520
  Teléfono: 202-647-4000 (TTY: 1-800-877-8339)
  Visa Lottery Information Center: 1-900-884-8840
  Sitio Web: **www.state.gov**

- Departamento de Trabajo de los EE. UU. (*U.S. Department of Labor*)
  200 Constitution Ave., NW
  Washington, DC 20210
  Teléfono: 1-866-4-USA-DOL
  (TTY: 1-877-889-5627)
  Sitio Web: **www.dol.gov**

- Línea de Ayuda Nacional de Violencia Doméstica (*The National Domestic Violence Hotline*)
  Teléfono: 1-800-799-SAFE
  (TTY: 1-800-787-3224)
  Sitio Web: **www.ndvh.org**

* Alto Comisionado de las Naciones Unidas para Refugiados (*United Nations High Commissioner for Refugees*)
Case Postale 2500
CH-1211 Genève 2 Dépôt
Suisse.
Teléfono: +41 22 739 8111
Sitio Web: **www.unhcr.org**

★ DATO AMERICANO: MONUMENTO A *LINCOLN* ★

El Monumento a Lincoln es un monumento conmemorativo Presidencial de los Estados Unidos para honrar la memoria del 16avo Presidente de los Estados Unidos, Abraham Lincoln. Está localizado en el *National Mall* en Washington, D. C. El arquitecto fue Henry Bacon y el escultor fue Daniel Chester French. El centro del monumento es la escultura de Lincoln, sentado en un trono. Esta escultura representa al Presidente pensativa, mirando al este hacia la Piscina Reflectante y hacia el emblema más escueto de la Unión, el Monumento a Washington. La estatura se levanta a 19 pies 9 pulgadas de altura y 19 pies de ancho, y fue esculpida en mármol blanco de Georgia.

Fuente: http://en.wikipedia.org/wiki/Lincoln_memorial

6
★ FORMATO N-400 ★

Quizás el paso más importante en su camino a convertirse en ciudadano de los EE. UU. es llenar el Formato N-400, la solicitud de naturalización. Puede encontrar este formato en el CD-ROM acompañante, así como mayores instrucciones para completarlo.

Deberá de presentar la solicitud de naturalización en el centro de servicio USCIS que le quede más cerca. Puede encontrar una lista completa de centros de servicio en el Apéndice B.

Dedique un tiempo a llenar este formato para que lo haga de manera precisa. Asegúrese de revisarlo varias veces antes de presentarlo en el USCIS. La solicitud incluirá:

- Una carta de presentación

- El formato N-400, Solicitud de Naturalización

- Una cuota biométrica de $80.00

- Una copia de la tarjeta de residencia del solicitante

- Dos fotografías tipo pasaporte

- Una cuota de presentación de $595.00

CARTA DE PRESENTACIÓN

La carta de presentación no es un requisito formal de la solicitud; sin embargo, le hace más fácil al oficial de inmigración la revisión de su solicitud. Lo que usted no quiere hacer es convertir su carta de presentación en un ensayo. Debe ser un resumen breve de usted y de los criterios bajo los cuales usted está solicitando la naturalización. También podría mencionar los documentos adjuntos en el paquete.

EJEMPLO DE CARTA DE PRESENTACIÓN

To: <Escribir Nombre>, The Adjudicating Officer

U.S. Citizenship and Immigration Services

Sub: N-400 application for naturalization on the basis of three years of continuous residence as a Lawful Permanent Resident married to a U.S. citizen

Dear Sir/Madam:

I hereby request you to give favorable consideration to my N-400 application for naturalization. The following documents are included with my application:

1. A completed N-400 form

2. A check for $675 toward application fee ($595) and fingerprinting fee ($80)

3. Two recent small photographs of me, each with my name printed on the back

4. A copy of both sides of my "Permanent Resident Card"

If you have any questions, feel free to call me at any of the following phone numbers: Work: (xxx) xxx-xxxx, Mobile: (xxx) xxx-xxxx, Home: (xxx) xxx-xxxx.

Thanks and best regards,

John Doe

<Dirección>

SOLICITUD DE NATURALIZACIÓN

El N-400 es una solicitud grande que consta de 14 Partees. Asegúrese de utilizar tinta negra y escribir pulcramente. No hacer esto puede hacer que se retrase su solicitud. También podría ser de utilidad hacer que alguien revise la solicitud antes de presentarla. Esto le asegurará que la solicitud es legible y que la ha llenado totalmente.

Para llenar el N-400, deberá satisfacer todos los criterios para convertirse ciudadano de los EE. UU. Puede encontrar una hoja de trabajo para determinar su elegibilidad en el CD-ROM acompañante. Esta hoja de trabajo le llevará de la mano a través de una serie de preguntas para determinar su elegibilidad.

El formato N-400 también tiene una cuota no reembolsable de $595, más una cuota biométrica de $80 para la toma de huellas digitales. Deberá entregar un cheque por $675 junto con su solicitud. Envíe su solicitud al centro USCIS más cercano.

Hay instrucciones muy específicas para el formato N-400, también existen muchas agencias que pueden ayudarle a llenar el formato por varias cuotas además de la cuota de la solicitud. Usted no necesita valerse de estas agencias. A continuación le presentamos un esbozo básico de las Partees del formato N-400. En el CD-ROM acompañante le proporcionamos instrucciones específicas para el llenado del formato, así como el formato N-400 para que pueda imprimirlo y completarlo.

Portada del N-400

OMB No. 1615-0052; Expires 10/31/08

Department of Homeland Security
U.S Citizenship and Immigration Services

N-400 Application
for Naturalization

Print clearly or type your answers using CAPITAL letters. Failure to print clearly may delay your application. Use black ink.

Part 1.† Your Name. *(The person applying for naturalization.)*

Write your USCIS "A"- number here:
A

A. Your current legal name.

Family Name *(Last Name)*

Given Name *(First Name)*   Full Middle Name *(If applicable)*

For USCIS Use Only

Bar Code	Date Stamp

B. Your name **exactly** as it appears on your Permanent Resident Card.

Family Name *(Last Name)*

Remarks

Given Name *(First Name)*   Full Middle Name *(If applicable)*

C. If you have ever used other names, provide them below.

Family Name *(Last Name)*	Given Name *(First Name)*	Middle Name

D. Name change *(optional)*

Please read the Instructions before you decide whether to change your name.

1. Would you like to legally change your name?   ☐ Yes   ☐ No

2. If "Yes," print the new name you would like to use. Do not use initials or
††† abbreviations when writing your new name.

Action Block

Family Name *(Last Name)*

Given Name *(First Name)*   Full Middle Name

Part 2.† Information about your eligibility.††† *(Check only one.)*

I am at least 18 years old **AND**

A. ☐ I have been a Lawful Permanent Resident of the United States for at least five years.

B. ☐ I have been a Lawful Permanent Resident of the United States for at least three years, **and** I
have been married to and living with the same U.S. citizen for the last three years, **and** my
spouse has been a U.S. citizen for the last three years.

C. ☐ I am applying on the basis of qualifying military service.

D. ☐ Other *(Please explain)* _____

Form N-400 (Rev. 10/15/07) Y

Parte 1 — Su Nombre

A. Escriba su nombre legal actual como quiere que esté en su certificado de naturalización.

B. Esta sección es para el uso exclusivo del USCIS.

C. Si alguna vez ha llegado a utilizar otros nombres, proporciónelos en el siguiente espacio. Incluya su nombre de soltero(a) (si aplica) y cualquier otro nombre que haya utilizado.

D. Cambio de nombre (opcional).

Parte 2 — Información Sobre Su Elegibilidad

A. Marque "A" si usted califica porque ha sido residente por cinco o más años.

B. Marque "B" si usted es un residente permanente, y ha estado casado y ha vivido con un ciudadano de los EE. UU. durante tres años.

Parte 3 — Información Sobre Usted

A. ¿Alguno de sus padres es ciudadano de los EE. UU? Usted ya podría ser ciudadano de los EE. UU. si uno o sus dos padres se volvieron ciudadanos antes de su 18avo cumpleaños.

B. ¿Cuál es su estado civil actual?

C. ¿Está solicitando una adaptación al proceso de naturalización debido a una discapacidad o incapacidad? El USCIS hará adaptaciones especiales si usted tiene una discapacidad.

Parte 4 — Direcciones y Números Telefónicos

Debe reportar tanto su dirección de residencia como de correo, y todos sus números telefónicos.

Parte 5 — Información para la Búsqueda de Antecedentes Penales

Es aconsejable buscar consejo legal antes de solicitar la naturalización si usted tiene antecedentes penales.

Parte 6 — Información Sobre Su Residencia y Empleo

Si está desempleado y/o recibiendo subsidios, aún puede volverse ciudadano de los EE. UU. Si usted está o ha estado empleado, se esperará que muestre sus devoluciones de impuestos.

Parte 7 — Tiempo Fuera de los Estados Unidos (Incluyendo viajes a Canadá, México y las Islas Caribe)

Esta sección con respecto a las ausencias de los Estados Unidos es muy importante. Usted debe haber estado presente físicamente en los EE. UU. por lo menos durante la mitad de su periodo de residencia.

Parte 8 — Información Sobre Su Historial Marital

Si usted obtuvo su residencia permanente basada en una solicitud de su cónyuge, y se divorció o separó del mismo poco tiempo después de haber obtenido su residencia permanente, el USCIS puede investigar para saber si su matrimonio fue real o no.

Parte 9 — Información Sobre Sus Hijos

Enlistc la información sobre todos sus hijos, incluso si uno o más de sus hijos son ciudadanos de los EE. UU. Sus hijos, o algunos de sus hijos, pueden obtener la ciudadanía de los EE. UU. cuando usted se naturalice.

Parte 10 — Preguntas Adicionales

Se le preguntarán 39 preguntas adicionales. Conteste estas preguntas con un si o un no. Contéstelas cuidadosamente y con la verdad. Para volverse ciudadano naturalizado, debe ser una persona de buen carácter moral, además usted debe ser leal a los Estados Unidos y a los principios establecidos en la Constitución de los EE. UU. Estas preguntas están diseñadas para saber si usted cumple estos requisitos, y le serán preguntadas durante su entrevista.

Parte 11 — Su Firma

Parte 12 — Firma de la Persona Que Preparó la Solicitud por Usted (Si aplica)

Partes 13 y 14 — No Complete las Partes 13 y 14 Hasta que el Oficial del USCIS le Diga Que lo Haga.

BIOMETRIA

El USCIS le cobra $80.00 por una exploración biométrica. Esto es por escanear sus huellas digitales y funciona de la misma manera que la tarjeta de huellas digitales que se usaba anteriormente. Sin embargo, la exploración biométrica es digital y más eficiente porque es más fácil de guardar y de procesar. Una vez recibida su solicitud, el USCIS le instruirá sobre dónde debe de ir para obtener su exploración biométrica.

SU TARJETA DE RESIDENCIA

Asegúrese de sacar fotocopias de su tarjeta de residencia y de enviarlas junto con su solicitud. La copia de su tarjeta de residencia prueba que usted es un residente legal de los EE. UU. No envíe su tarjeta de residencia, porque debe tenerla con usted todo el tiempo.

CUOTAS

El N-400 tiene una cuota de presentación de $595.00 y una cuota de $80.00 para la exploración biométrica. Deberá enviar el pago para estos junto con el formato. Los métodos de pago pueden hacerse en la forma de un cheque personal, una orden de dinero, o cheque de caja. No puede pagar con efectivo. Junto con el resto de su solicitud, asegúrese de sacar una copia del pago para sus archivos.

Puede solicitar una dispensa del pago de la cuota si es miembro del ejército de los EE. UU. o si no puede pagar la cuota de la solicitud. Para ser elegible para obtener ayuda financiera, debe estar recibiendo un subsidio del gobierno, tales como cupones alimenticios, porque su ingreso cae dentro de la línea de pobreza establecida. Deberá enviar una prueba de sus dificultades financieras junto con su solicitud.

El USCIS evaluará cada solicitud de manera individual, así que es posible que no reciba una dispensa de la cuota de pago. Si es posible, lo mejor que puede hacer es seguir adelante y pagar las cuotas para prevenir un retraso a su solicitud. Tenga en mente que puede recibir una dispensa del pago de la cuota de la solicitud, pero no recibirá una dispensa sobre la cuota para la toma de las huellas digitales.

Por favor tenga en mente que tendrá que verificar dos veces los precios de las cuotas de la solicitud y de las huellas digitales antes de presentar su solicitud, en el evento de que estas hubieran cambiado. Los precios presentados en este libro son representativos de Julio del 2008.

UNA ÚLTIMA NOTA

Asegúrese de sacar copias de su solicitud. Esto le proporcionará una prueba que ha enviado la solicitud y todas sus partes si algo se perdiera en el correo o durante el proceso. También deberá tener una copia porque el entrevistador puede hacerle preguntas sobre la solicitud durante la entrevista de ciudadanía. Será mucho más fácil si practica y sabe exactamente qué decir si tiene una copia de la solicitud fácilmente disponible para usted.

★ DATO AMERICANO: EL MONUMENTO A *WASHINGTON* ★

El Monumento a Washington es un gran obelisco color arena cerca del lado oeste del *National Mall* en Washington, D. C. Es un Monumento Presidencial de los Estados Unidos construido para conmemorar al primer presidente de los EE. UU., George Washington. El monumento, hecho de mármol, granito y piedra arenisca, es al mismo tiempo la estructura de piedra y el obelisco más alto del mundo, con una altura de 555 pies 5.5 pulgadas. También es la estructura más alta en Washington D. C. La construcción del monumento comenzó en 1848 pero no fue terminado hasta 1884.

Fuente: http://en.wikipedia.org/wiki/Washington_monument

7

★ LA ENTREVISTA ★

Una de las partes más difíciles de volverse ciudadano de los EE. UU. es el desafío de la entrevista. Pasará por la entrevista de ciudadanía después de haber realizado todo el papeleo requerido con su Formato N-400. Una vez que el USCIS apruebe sus formatos, le asignarán una fecha para una entrevista con un oficial de inmigración. Su entrevistador le hará una mezcla de preguntas personales sobre su solicitud así como preguntas sobre el gobierno de los EE. UU. Pondrán a prueba su comprensión básica de la historia de los Estados Unidos de América, así como sus habilidades en el idioma inglés.

PREGUNTAS PERSONALES

Del mismo modo el entrevistador le hará algunas preguntas personales sobre usted. Sacarán estas preguntas de su solicitud N-400. Usted podría encontrar esto redundante dado que ya completó la solicitud y ellos ya saben las respuestas; sin embargo, esta es una manera sencilla para poner a prueba sus habilidades en el idioma inglés con un tema que usted ya conoce. Contestar preguntas fáciles romperá el hielo y le ayudará a relajarse.

Le harán preguntas sobre sus antecedentes. Preguntas de ejemplo pueden ser como las siguientes:

- ¿De qué país proviene?

- ¿Qué temas estudió?

- ¿Tiene un título? ¿De qué universidad?

- ¿A qué se dedica?

- ¿Puedo ver sus antecedentes laborales?

- ¿Puedo ver su licencia de matrimonio?

- ¿Dónde vive actualmente?

Estas preguntas son bastante sencillas. Sin embargo, tenga en mente que lo que el entrevistador está tratando de ver es qué tan bien conoce usted el idioma inglés, así que sea conversador. Su inglés no tiene que ser perfecto, pero usted debe mostrar una comprensión básica.

El entrevistador también le hará algunas preguntas personales más que involucren pensamiento y comprensión. Estas preguntas pueden ser:

- ¿Por qué quiere volverse ciudadano de los EE. UU.?

- ¿Qué piensa del gobierno de los EE. UU.?

- ¿Qué significa la Constitución de los EE. UU. para usted?

Estas son preguntas en las que usted tiene que meditar y tener una comprensión básica de las respuestas antes de ir a la entrevista. No memorice sus respuestas, pero sea capaz de darse a entender claramente. También, por encima de todo, asegúrese de no mentir.

COMPRENSIÓN EN INGLÉS

Deberá hacer más que hablar a su manera durante la entrevista. Su entrevistador se asegurará que usted tenga una comprensión cabal del idioma inglés.

Sus habilidades en el idioma inglés no tienen que ser perfectas, pero debe mostrar una comprensión básica, así como una buena gramática, dicción y un acento comprensible. Estas habilidades en inglés solo necesitan ser lo suficientemente buenas como para funcionar bien dentro de la sociedad, porque tendrá mucho trabajo interactuando con otros ciudadanos de habla inglesa.

Probablemente, el entrevistador le pedirá que lea o escriba algunas oraciones sencillas en inglés. Él o ella también puede preguntarle que significan algunas de las palabras. El entrevistador también puede leer partes de su solicitud N-400 en voz alta.

A continuación le presentamos algunas oraciones de ejemplo que el entrevistador podría pedirle que escriba:

- I want to be a United States citizen.

- Today I am going for a drive.

- The boy has a big dog.

- She went to look for a job.

- She drives the green car.

- I am married.

Estudiar para la parte en inglés de la entrevista puede resultar difícil. Sin embargo, una manera fácil de estudiar es leer un periódico en voz alta. También puede entablar conversaciones en inglés con un amigo o un miembro de su familia. Ver televisión en inglés también puede ayudarle a comprender mejor el inglés.

PREGUNTAS CÍVICAS

El entrevistador también le hará preguntas sobre el gobierno y la historia de los Estados Unidos. Hay listadas algunas preguntas de práctica en los siguientes capítulos, así como en el CD-ROM.

Se le harán 20 preguntas sobre el gobierno de los EE. UU. y la historia del país. El entrevistador puede pedirle que diga estas respuestas en voz alta o que las escriba, dependiendo del área del inglés que él o ella quiera poner a prueba con usted. Generalmente, se dicen estas respuestas.

No se alarme. No tiene que contestar estas preguntas a la perfección, esto quiere decir que pueden fallarle algunas. El entrevistador quiere estar seguro de que usted tenga una buena comprensión del gobierno y que significa ser norteamericano.

CONSEJOS PARA LA ENTREVISTA

Aunque usted debe estudiar para la entrevista, también debe prepararse para ella en otras maneras.

Consejo 1: Llegue a Tiempo

Deberá asegurarse de llegar a la entrevista a tiempo. Deberá buscar la ubicación del lugar antes de que se lleve a cabo la entrevista para que sepa exactamente a donde tiene que dirigirse.

Probablemente deba llegar temprano para estar seguro que encontrará dónde estacionarse. También debe llegar temprano porque tendrá que pasar por seguridad. Dependiendo de qué tan ocupada esté la oficina en esa mañana, la seguridad puede tardar un poco.

Consejo 2: Vista Apropiadamente

Deberá vestir de manera apropiada. No se presente vistiendo ropa andrajosa. Demuéstrele al entrevistar cuanto significa para usted volverse ciudadano estadounidense. Trate esta entrevista de la misma manera que lo haría con una entrevista de trabajo.

- Las mujeres deben vestir una bonita blusa y una falta a la rodilla o pantalones flojos. Estas ropas deben ser de colores neutrales u obscuros para que no distraigan al entrevistador. No vista blusas con escote bajo ni trate de atraer una atención inadecuada hacia usted.

- Los hombres deben vestir un traje neutral u obscuro. La corbata es opcional. Estas ropas deben estar planchadas con esmero.

Consejo 3: Prepárese

Asegúrese de tener todos los papeles necesarios. Deberá juntar sus documentos, tales como su tarjeta de residencia, una identificación apropiada y cualquier otro documento que pudiera necesitar. Llevar una copia de su Formato N-400 puede ayudarle a estar mejor preparado.

Entre los documentos que podría necesitar están:

- Recibos de pago

- Alquiler de un departamento

- Documentos de matrimonio

- Papeles de afiliación

Estos documentos le ayudarán a probar su pertenencia a la comunidad y su valor como ciudadano de los EE. UU. Aunque el entrevistador podría no solicitárselos siempre es buena idea tenerlos a la mano en caso de que él o ella lo hagan.

Ponga juntos sus papeles en una carpeta y asegúrese llevarla con usted en su portafolio o vehículo antes de partir. Puede andar a las carreras la mañana de la entrevista, por lo que es mejor juntar estos papeles por lo menos la noche anterior.

Consejo 4: Calme los Nervios

La mayoría de la gente se pone nerviosa cuando tiene entrevistas. Su entrevista no es diferente. Recuerde, no obstante, que su entrevistador es una persona y que él o ella está intentando ayudarle a convertirse en ciudadano de los EE. UU.

Trate la entrevista más como una conversación que como un interrogatorio. Es probable que haya ensayado posibles escenarios con su familia y amigos, así que imagine que el entrevistador es su amigo. Él o ella está intentando conocerlo y tener una mejor comprensión de por qué usted debería convertirse ciudadano de los EE. UU. No se permita sentirse agobiado hasta el punto en que lo que usted diga no tenga sentido. Asimismo, no se muestre frío y distante sin decir mucho.

Siempre inicie la entrevista con una sonrisa. Una sonrisa hará que el entrevistador sienta que usted está tranquilo, aún cuando eso no sea lo que usted está sintiendo en lo absoluto. Respire profundo antes de que comience la entrevista y siga la corriente.

Consejo 5: Siempre Diga la Verdad

Sin importar lo que usted haga durante la entrevista, asegúrese de siempre decir la verdad. Si lo pillan diciendo una mentira, el USCIS puede revocar su ciudadanía. Esto no debería ser un problema para usted, siempre y cuando haya sido honesto en cada paso del proceso de naturalización.

Si usted cometió un error involuntario en su solicitud, tal como no escribir un dígito en su número telefónico o no haber reportado una cambio de domicilio, probablemente no le costará su ciudadanía. Sin embargo, si usted se da cuenta del error, deberá de informar al USCIS la información correcta.

DESPUÉS DE LA ENTREVISTA

Usted no sabrá si "pasó" o no la entrevista hasta mucho después. Recibirá un aviso por correo para su cita para la ciudadanía. Si usted recibe esto, quiere decir que aprobó y se convertirá ciudadano de los EE. UU. el día que tome el juramento.

Si descubre que reprobó la entrevista, tendrá 90 días para volver a hacer la entrevista. Sin embargo, si usted reprueba la entrevista una segunda vez, tendrá que comenzar otra vez todo el proceso de naturalización desde el inicio, incluyendo el pago de una nueva solicitud y de las cuotas de procesamiento.

EN CONCLUSIÓN

Aunque puedan estar pasando muchas cosas durante su entrevista, usted no necesita más estrés sobre ella si está preparado apropiadamente. La siguiente sección de este libro le ayudará a obtener una comprensión más profunda de la historia de los EE. UU. así como del idioma inglés. Siga probándose y preparándose hasta el día de la entrevista.

Una vez que esté seguro de que se ha preparado para la entrevista, es muy probable que aprobará con un éxito total. Simplemente asegúrese de que los nervios no se lleven lo mejor de usted.

PARTE 2

CÓMO ESTUDIAR PARA CONVERTIRSE

★ CIUDADANO DE LOS EE. UU. ★

★ DATO AMERICANO: *MONTE RUSHMORE* ★

El Monumento Nacional Monte Rushmore está localizado en Dakota del Sur y es una escultura monumental de granito de Gutzon Borglum (1867–1941). Representa los primeros 150 años de la historia de los Estados Unidos de América con esculturas de las cabezas de los anteriores presidentes de los Estados Unidos de 60 pies (de izquierda a derecha): George Washington (1732–1799), Thomas Jefferson (1743–1826), Theodore Roosevelt (1858–1919) y Abraham Lincoln (1809–1865). Todo el monumento cubre 1,278.45 acres y está a 5,725 pies por encima del nivel del mar. Es administrado por el Servicio de Parques Nacionales, un buró del Departamento del Interior de los Estados Unidos. El Turismo es la segunda industria más grande de Dakota del Sur, siendo el Monte Rushmore su atracción turística número uno. Más de dos millones de visitantes viajan al monumento cada año.

Fuente: http://en.wikipedia.org/wiki/Mount_Rushmore

8

APRENDIENDO SOBRE LA
★ HISTORIA Y EL GOBIERNO NORTEAMERICANO ★

Para satisfacer los requisitos para obtener la ciudadanía de los EE. UU., necesitará poseer una comprensión de la historia y el gobierno de los Estados Unidos. Los principales temas cubiertos en esta guía de estudio son:

- América Antigua
- La Constitución
- Poderes del Gobierno de los EE. UU.
- El Presidente
- Partidos políticos
- Presidentes Notables
- Presidentes desde 1980
- El sistema de cortes
- Principales eventos históricos de los EE. UU.

AMÉRICA ANTIGUA

Los Peregrinos

La gente comenzó a llegar a Norteamérica a principios del siglo 17. La mayoría para escapar de la persecución religiosa y para comenzar una nueva vida. Los peregrinos viajaron desde Inglaterra hacia Nueva York en un barco llamado el "Mayflower."

A la mayoría se les dio el pasaje a cambio de trabajar para sus patrocinadores durante siete años. Llegaron a Plymouth Rock, Massachusetts en 1620. Su miedo más grande era ser atacados por los indios, pero la tribu nativa Pawtucket fue amistosa.

Los peregrinos construyeron un asentamiento y sobrevivieron a muchos tiempos difíciles. El primer invierno fue muy frío y duro. Casi la mitad de los fundadores originales murieron; sin embargo, los sobrevivientes perseveraron y fueron capaces de lograr una cosecha abundante, a pesar de todos los obstáculos. Fue proclamado un día de gracias, y los peregrinos celebraron su primer cosecha con sus amigos nativos americanos. Este fue el primer día de gracias y dio inicio a una tradición. Hoy día todos los norteamericanos celebran este día festivo cada Noviembre.

Las Colonias

Mucha gente vino de varias naciones a principios del siglo 17 para crear asentamientos en Norteamérica. Aunque los colonizadores sembraban sus alimentos y fabricaban la mayoría de sus ropas y muchas otras cosas, todavía dependían de Inglaterra para conseguir otros bienes e intercambiar objetos. Seguían considerándose ingleses y sentían que estaban bajo el mandato de la monarquía inglesa. El Parlamento Inglés decidió hacer que los colonizadores pagaran impuestos especiales sobre ciertas cosas. Los colonizadores protestaron dando como resultado que surgiera la violencia. La relación entre Inglaterra y Norteamérica pronto comenzó a deteriorarse.

La Declaración de Independencia

En 1776, varios hombres importantes se reunieron en Filadelfia para a esbozar una resolución para proclamar la independencia de Inglaterra. Esta reunión es conocida como el Congreso Continental. El grupo incluía a Thomas Jefferson, John

Hancock, John Adams, Robert Livingston, Benjamin Franklin y Roger Sherman. Thomas Jefferson trabajó en un borrador de la Declaración de Independencia durante tres semanas. John Hancock fue el primero en firmar el documento. El Congreso adoptó la Declaración de Independencia el 4 de Julio de 1776. Llegaron delegados de las 13 colonias para firmar el documento. La Independencia de Inglaterra había sido declarada. La monarquía inglesa no deseaba que los colonizadores se independizaran por lo que pronto comenzó la guerra.

La Guerra Revolucionaria

La Guerra Revolucionaria (la Guerra de la Independencia) duró de 1777 a 1783. El General George Washington era el Comandante en jefe del Ejército Continental. Fue una guerra difícil. Las tropas británicas estaban mucho mejor preparadas que el Ejército Continental. Tenían más suministros y mucho mejor equipo. Los soldados continentales a menudo se quedaban sin comida y no tenían una vestimenta apropiada. El General Cornwallis, el Comandante en jefe de las fuerzas británicas, fue rodeado en Yorktown en 1781 y fue obligado a rendirse. La guerra terminó oficialmente en Abril de 1783, cuando se firmó un tratado en París.

Los Artículos de la Confederación

Después de la Guerra Revolucionaria, la nueva nación buscó una manera para gobernarse de manera efectiva mientras evitaba lo que consideraba un sistema injusto y duro como el ejercido por el Rey George III de Gran Bretaña. Creyeron haber encontrado la solución con los Artículos de la Confederación, los cuales escribieron los colonizadores como la primer constitución de los Estados Unidos. El borrador de los Artículos había comenzado desde antes del final de la Revolución Americana, y la visión de que un gobierno central débil seria lo mejor para una nación independiente se volvió un tema común a lo largo del documento.

Los Artículos de la Confederación fueron el primer acuerdo constitucional realizado entre los estados norteamericanos. Constaba de un preámbulo y 13 articulos. Después de ganar su independencia de Gran Bretaña, la incipiente nación necesitaba crear un sistema estable de gobierno. Todos los estados eran muy diferentes y tenían una variedad de culturas. Los colonizadores habían ganado su libertad, pero existían muchos problemas inherentes a su crecimiento. El nuevo país era grande y abarcaba desde Georgia hasta la frontera con Canadá. Además de la población norteamericana, la cual era principalmente europea, había miles de esclavos en el sur. Boston era la más grande de las ciudades de Nueva Inglaterra. Y era muy diferente de Charlestón en la parte sur del país. La población de Nueva York era en su mayor parte inglesa, pero también vivían ahí muchos irlandeses, alemanes y holandeses.

Los Artículos de la Confederación fueron creados con la intención de que cada estado retendría su soberanía mientras se adhería a una alianza liberal de socios iguales. Sin embargo, pronto resultó obvio que esta alianza no podría resolver de manera efectiva los problemas o proteger contra daños a la nación.

LA CONSTITUCIÓN DE LOS EE. UU

La Constitución de los EE. UU., escrita en 1787, esboza los principios que forman la base del gobierno de los EE. UU. y establece la base de una democracia representativa. En 1787, se llevó a cabo una convención constitucional en el Salón de la Independencia en Filadelfia, Pensilvania. Se escribió una nueva constitución la cual fue ratificada por los estados en 1788.

Preámbulo

La introducción, o preámbulo, de la Constitución, explica el propósito y objetivos del documento. El preámbulo enfatiza que el poder del gobierno de los EE. UU. proviene de la gente de los Estados Unidos.

La Carta de Derechos

Las primeras diez enmiendas a la constitución son llamadas la Carta de Derechos. Este documento claramente delinea los derechos de los ciudadanos

El Principio de Equilibrio de Poderes

Al crear la Constitución, los padres fundadores sintieron que necesitaban balancear el poder entre los tres poderes del gobierno, por lo que otorgaron deberes y poderes específicos a cada poder. El sistema de equilibrio de poderes le da a cada uno de los poderes del gobierno la habilidad de monitorearse y regularse entre si. Este sistema le aseguraba a los creadores de la Constitución que el gobierno de los EE. UU. no se volvería todo poderosa y que siempre sería un gobierno "de la gente".

Poderes Tácitos

Los poderes tácitos son los poderes delegados al gobierno federal que no son declarados exactamente en la Constitución, pero que son razonablemente implícitos. Estos poderes le otorgan flexibilidad al Congreso en lo que concerniente la ejecución de sus poderes. Un ejemplo de uso de los poderes tácitos es el derecho de adquirir territorio. Thomas Jefferson utilizó el principio de poderes tácitos para justificar la compra de Luisiana en 1803. Los poderes tácitos han cambiado con el transcurso de los años. Los creadores no querían limitar al nuevo gobierno solamente con poderes expresos. Querían proporcionarle flexibilidad de crecimiento y adaptación a medida que los cambios en el ambiente político lo requirieran.

La Constitución No Escrita

La constitución no escrita ha devenido a través de la costumbre y uso durante el transcurso de los últimos 200 años. Implica que existen ideas, acciones y conceptos que de hecho no están en el texto de la Constitución pero han surgido como una extensión natural de su uso. Un ejemplo de la constitución no escrita es el gabinete presidencial. El Vicepresidente John Adams creó un comité de personas de confianza para que asistieran al presidente. Este grupo de consejeros llegó a ser conocido como el gabinete presidencial.

El Compromiso Principal

Cuando los delegados se reunieron para escribir una nueva constitución, estaban determinados a crear un documento que fuera aceptable para todos los estados. El principal conflicto existía entre los estados altamente poblados, tales como Pensilvania y Virginia, y los menos poblados como Delaware y Nueva Jersey. El desacuerdo se centraba alrededor de la cuestión de cuánto poder debía de ser distribuido entre los estados. Los estados más poblados querían tener mayor poder que los estados menos poblados. Los estados menos poblados estaban en desacuerdo. Estos estados sentían que la población no debía de ser un factor al momento de determinar el poder. Un comité encabezado por Roger Sherman de Connecticut trajo la respuesta. Se propuso que el Congreso tuviera dos cámaras: un Senado y una Cámara de Representantes. Los estados estarían representados equitativamente en el Senado con dos senadores de cada estado; en la Cámara, la representación estaría basada en la población. Esto daría más votos a los estados grandes que a los pequeños. Esta solución fue aceptada y fue conocida como el Compromiso Principal.

Los Documentos Federalistas

En 1787, después de que terminó la Convención Constitucionalista, hubo gran controversia sobre si adoptar o no la Constitución. Los periódicos presentaron muchos argumentos, tanto en pro como en contra, al público. Los Documentos Federalistas eran una serie de 85 ensayos escritos por John Jay, Alexander Hamilton y James Madison. Estos documentos fueron escritos para persuadir a la gente de Nueva York para que aprobara el documento y promover la idea de que los EE. UU. debían crear un gobierno con tres ramas, cada una con poderes separados. Eventualmente, la serie de artículos llegó a conocerse como los Documentos Federalistas.

Los autores pretendían explicar los beneficios de la Constitución propuesta a la gente y defenderla de sus críticos. A algunas personas les preocupaba que la Constitución otorgaría demasiado poder al gobierno central. Hamilton, Jay y Madison trataron de convencer a la gente de que entre más fuerte fuera el gobierno central este defendería más los derechos individuales. Los Documentos Federalistas dieron una clara justificación a las decisiones tomadas en la Convención Constitucional y persuadieron a los ciudadanos que el gobierno podría dar una mayor protección a las personas al poner menos poder en sus manos. Hoy día, los jueces federales utilizan frecuentemente los Documentos Federalistas cuando interpretan la constitución porque muestran conocimiento de las intenciones de los autores.

LOS TRES PODERES DEL GOBIERNO DE LOS EE. UU.

El gobierno tiene tres poderes: ejecutivo, judicial y legislativo. Cada sección del gobierno tiene ciertos poderes que pertenecen solo a dicha rama. Esto evita que cualquier persona o grupo se vuelva demasiado poderoso. Si una persona o grupo obtiene demasiada autoridad, los derechos de los ciudadanos podrían estar en riesgo.

El Poder Legislativo

El Poder legislativo del gobierno es el Congreso. El Artículo I de la Constitución establece el legislativo o la rama del gobierno que elabora las leyes. Tiene dos ramas - el Senado y la Cámara de Representantes - así como agencias que apoyan al Congreso.

El Senado está basado en la representación equitativa. Esto significa que hay dos senadores por cada estado. La Cámara de Representantes está basada en la representación proporcional, lo cual quiere decir que el número de representantes está basado en la población de cada estado. El principal trabajo del Congreso es redactar, debatir y crear proyectos de ley parlamentaria que luego van al escritorio del presidente en espera de su aprobación o veto. El Congreso también examina asuntos importantes de interés nacional y supervisa los brazos ejecutivos y judicial del gobierno.

El Poder Ejecutivo

El poder ejecutivo incluye la oficina del presidente. Es la parte del gobierno que implementa las leyes. Este brazo del gobierno es responsable del funcionamiento diario del país. Y lo hace por medio de diversos departamentos, agencias, buróes, comisiones, comités y oficinas.

El poder ejecutivo del gobierno es responsable de hacer cumplir las leyes del país. El presidente, vicepresidente, directores de departamento (miembros del gabinete) y los directores de las agencias independientes llevan a cabo esta misión.

El Poder Judicial

El Poder Judicial incluye el sistema federal de cortes. Esta parte del gobierno decide el significado de las leyes. Es independiente del poder ejecutivo y puede declarar inconstitucionales las acciones del presidente. La Suprema Corte es la cabeza del poder judicial. Es la corte más alta en el país.

Las Cortes deciden los argumentos sobre el significado de las leyes y el modo como deben ser aplicadas. También determinan si las leyes violan la Constitución - esto es conocido como revisión judicial y es la manera como las cortes federales revisan y equilibran los poderes legislativo y judicial.

EL PRESIDENTE

El presidente de los Estados Unidos es uno de los oficiales con más poder en el mundo entero. Su poder está garantizado por la constitución. La Constitución también limita la autoridad del presidente. Sus decisiones y acciones siempre están gobernadas por un sistema de equilibrio de poderes. El presidente es el jefe ejecutor y el comandante en jefe. También tiene poderes judiciales. Como jefe ejecutor, el presidente implementa las tesis de la Constitución, implementa las leyes instituidas por el Congreso y selecciona funcionarios del gobierno. Sin embargo, los actos del presidente están limitados por los otros niveles de gobierno. La Constitución declara que un candidato a la presidencia debe ser un ciudadano por nacimiento de los Estados Unidos, tener por lo menos 35 años de edad y haber residido en los EE. UU. durante por lo menos 14 años.

Poderes y Limitaciones de la Presidencia

Como comandante en jefe, el presidente está al mando de las fuerzas armadas. Él elige los máximos militares y los recomienda. También puede hacer que las fuerzas armadas entren en acción en caso que hayan problemas dentro de los Estados Unidos y en dominios extranjeros. Sin embargo, el presidente no puede consignar soldados estadounidenses en áreas de discordia internacional por más de 90 días sin una declaración de guerra; este es un poder dado al Congreso. El presidente utiliza sus poderes judiciales para otorgar el perdón y para designar jueces federales. La autoridad judicial del presidente está regulada, porque todas sus designaciones deben de ser aprobadas por el Senado.

El Gabinete Presidencial

La tradición del gabinete se remonta a los inicios de la propia presidencia. Uno de los principales propósitos del gabinete - esbozado en el Artículo II, Sección 2 de la Constitución - es aconsejar al presidente sobre cualquier tema que este requiera relacionado con los deberes de sus respectivas oficinas. El gabinete incluye al vicepresidente y los directores de 15 departamentos ejecutivos: las Secretarías de Agricultura, Comercio, Defensa, Educación, Energía, Salud y Servicios Sociales, Seguridad Nacional, Desarrollo de Vivienda y Urbano, Interior, Justicia, Trabajo, Estado, Transporte, Tesoro y Asuntos de los Veteranos. Bajo el mandato del Presidente George W. Bush, el rango de nivel de gabinete también fue acordado para el administrador de la Agencia de Protección del Ambiente; el director de la Oficina de Administración y Presupuesto; el director de la Norma Nacional de Control de Drogas; y el Representante de Comercio de los Estados Unidos.

La Casa Blanca

La Casa Blanca es la residencia oficial del presidente de los Estados Unidos. Está localizada en 1600 Pennsylvania Avenue en Washington, D. C. La Casa Blanca ha prevalecido como un símbolo de la presidencia, del gobierno y del pueblo norteamericano por más de dos siglos. En el invierno de 1800, John Adams y su esposa Abigail llegaron a Washington, D. C. y se convirtieron en los primeros inquilinos de la Casa Blanca. Desde entonces, una sucesión de familias presidenciales han entrado y salido de la casa. Cada familia ha recogido una gran abundancia de lecciones y recuerdos de su trabajo en la Casa Blanca, y cada una, en su momento, dejaron un legado - una impresión indeleble para la posteridad.

PARTIDOS POLÍTICOS EN LOS EE. UU.

Un partido político es un grupo de votantes que desean influenciar la toma de decisiones del gobierno mediante la elección y nominación de sus miembros para un cargo público. Los miembros del partido usualmente tienen muchas ideas en común con respecto a como debe funcionar el gobierno. Seleccionan gente que apoya sus ideas y tratan de convencer a los votantes para que respalden a los candidatos de su partido.

Los Estados Unidos tienen un sistema bipartidista. Un sistema bipartidista es aquel en el cual uno de los dos partidos políticos tiene probabilidades de ganar una elección y por lo tanto de tener poder político. El Partido Demócrata y el Partido Republicano han sido los dos principales partidos políticos en los Estados Unidos durante muchos años. El Partido Republicano fue creado en 1854. El primer Presidente demócrata fue Thomas Jefferson, el cual estuvo a cargo de 1801 a 1809. El primer Presidente republicano fue Abraham Lincoln, quien sirvió de 1861 a 1865.

A pesar de que el Partido Demócrata es el más grande de los dos principales partidos políticos, tanto los Republicanos como los Demócratas tienen muchos partidarios en toda la nación. Los Partidos Socialista, Progresista y Populista son algunos ejemplos de partidos menores que han existido en los Estados Unidos a lo largo de los años.

Aunque los partidos menores rara vez ganan elecciones, a menudo desafían a los partidos principales. Cuando un partido menor consigue suficiente fuerza como para ser un contendiente serio, es llamado un tercer partido. Un tercer partido puede ganar muchos votos e incluso influenciar el resultado de una elección nacional.

No todos los candidatos a puestos políticos son miembros de un partido político. Algunos candidatos se lanzan de manera independiente. Construyen sus propias organizaciones de campaña. Estas algunas veces son nombradas campañas de base popular.

PRESIDENTES NOTABLES DE LOS EE. UU.

George Washington

George Washington fue nuestro primer presidente. Es llamado "el padre de nuestro país". Washington nació el 22 de Febrero de 1732 en Westmoreland County, Virginia en una familia de acaudalados dueños de plantaciones. Se casó con una viuda, Martha Custis, administró sus tierras hasta el inicio de la Revolución Norteamericana. Cuando el Segundo Congreso Continental se reunió en Filadelfia en Mayo de 1775, Washington, uno de los delegados de Virginia, fue elegido como comandante en jefe del Ejército Continental. El 3 de Julio de 1775, en Cambridge, Massachusetts, asumió el comando de su mal preparadas tropas y se embarcó en una guerra que duraría seis penosos años. Después de muchas batallas, forzó la rendición de Cornwallis en Yorktown.

Washington quería retirarse, pero pronto se dio cuenta que la nación bajo sus Artículos de Confederación no estaba funcionando muy bien. Se convirtió en el primer proponente de los pasos que llevaron a la Convención Constitucional en Filadelfia en 1787. Cuando la nueva Constitución fue ratificada, el Colegio Electoral eligió de manera unánime a Washington como presidente. Washington se retiró después de su segundo mandato. Murió el 14 de Diciembre de 1799 y la nación guardó luto por él.

Thomas Jefferson

Thomas Jefferson fue un poderoso defensor de la libertad individual y de la libertad. Nació en 1743 en Albemarle County, Virginia, en una familia de acaudalados dueños de plantaciones. Jefferson heredó de su padre miles de acres de tierra. Estudió en el *College of William and Mary*, a continuación estudió derecho. En 1772 se casó con Martha Skelton, una viuda, se la llevó a vivir a su parcialmente construido hogar en la cima de la montaña, Monticello. Jefferson era elocuente como corresponsal, pero no hablaba en público. En la Casa de Burgueses de Virginia y en el Congreso Continental, contribuyó con su pluma en lugar de su voz a la causa patriótica como el "miembro silencioso" del congreso. A la edad de 33 años, Jefferson esbozó la Declaración de Independencia. Los siguientes años, trabajó para que sus palabras se volvieran una realidad en Virginia. De manera mucho más notable, escribió una propuesta de ley que establecía la libertad de culto, que fue promulgada en 1786.

Cuando Jefferson se volvió presidente, redujo drásticamente los gastos del ejército y la marina, cortó el presupuesto, eliminó el impuesto sobre el whisky que era tan impopular en el oeste, y así redujo la deuda pública en un tercio. Jefferson se retiró a Monticello después de su segundo mandato. Murió el 4 de Julio de 1826.

Abraham Lincoln

Abraham Lincoln nació el 12 de Febrero de 1809 en Hardin County, Kentucky. Se casó con Mary Todd Lincoln con la cual tuvo cuatro hijos, solo uno de los cuales vivió hasta la madurez.

Lincoln hizo esfuerzos extraordinarios para obtener educación mientras trabajada en una granja, levantando cercos y cuidando una tienda en Illinois. Fue capitán durante la Guerra del Halcón Negro y sirvió ocho años en la legislatura de Illinois.

Lincoln se convirtió en presidente en 1860 y ocupó el cargo durante la Guerra Civil. La guerra más mortífera en la historia estadounidense, hubo 620,000 soldados muertos y un número indeterminado de bajas civiles. La lucha se peleó entre los Estados Confederados de América (estados sureños esclavistas que se separaron de los EE. UU.) y el Gobierno Federal de los EE. UU. (La Unión, o estados del norte).

La esclavitud era el mayor tema de la guerra. Abraham Lincoln emitió la Proclamación de Emancipación el 1 de Enero de 1863, la cual liberaba a los esclavos del sur para siempre. Lincoln ganó la reelección en 1864, mientras los triunfos del ejército de la Unión anunciaban el fin de la guerra.

Abraham Lincoln fue asesinado el 16 de Abril de 1865, a tan solo unos días después que la guerra había terminado. Fue herido en el Teatro Ford en Washington, D. C. por John Wilkes Booth.

Franklin Delano Roosevelt

Franklin Delano Roosevelt (también conocido como FDR) nació en 1882 en Nueva York. Se graduó de Harvard. Roosevelt acudió a la Facultad de Derecho de Columbia y aprobó su examen de Abogado del Estado de Nueva York en 1907. Se casó con Anna Eleanor Roosevelt (su prima lejana) en 1905.

Elegido en 1933, FDR fue el 32avo Presidente de los Estados Unidos. Sirvió cuatro mandatos, un hecho sin precedentes, hasta su muerte en 1945.

Roosevelt fue presidente durante la Gran Depresión de los años treintas. A menudo se le da el crédito de haber sacado a norteamerica de la terrible crisis económica. El programa Nuevo Trato de Roosevelt le proporcionó un alivio al desempleado, ayudó a la recuperación de la economía y reformó los sistemas económicos y bancarios. Los programas que inició Roosevelt incluían la Corporación Federal de Seguro de Depósitos (FDIC, por sus siglas en inglés), la Autoridad del Valle de Tennessee (TVA, por sus siglas en inglés) y la Comisión de Cambio y Seguridad de las Acciones de los Estados Unidos (SEC, por sus siglas en inglés). Estos siguen teniendo papeles instrumentales en el comercio de la nación hoy día. También es conocido por instituir el sistema de Seguridad Social.

John F. Kennedy

John F. Kennedy nació en Brookline, Massachusetts. Se graduó de Harvard y se unió a la Marina en 1940. En 1943, su lancha torpedera (PT) se hundió cuando un destructor japonés le impactó. Kennedy quedó mal herido, pero se distinguió como un héroe al llevar a sus hombres a un lugar seguro a través de aguas peligrosas. Después de la guerra Kennedy se convirtió en congresista demócrata del área de Boston y, en 1953, se volvió miembro del Senado. También se casó con Jacqueline Bouvier en 1953. En 1955, Kennedy ganó el Premio Pulitzer en historia por su libro "Perfiles de Coraje".

En 1960, John F. Kennedy se lanzó por la presidencia contra Richard M. Nixon. A la edad de 43 años, Kennedy se convirtió en el 35avo presidente. Era joven y energético y fue bienvenido por el país. Kennedy representaba la posibilidad de tener un futuro más próspero para los norteamericanos. Instigó muchos nuevos programas económicos, incrementó el salario mínimo, propuso mayores beneficios del Seguro Social, alentó al Congreso a fundar un programa médico para los ciudadanos mayores de la nación. La Casa Blanca cobró vida con los dos pequeños hijos de los Kennedy, Caroline y John-John. Sin importar que tan ocupado estuviera, el Presidente Kennedy encontraba tiempo para reír y jugar con sus hijos, Jacqueline Kennedy coleccionaba arte fino y muebles y restauró todas las habitaciones de la Casa Blanca.

John F. Kennedy fue asesinado en Dallas, Texas el 22 de Noviembre de 1963. Kennedy fue herido y asesinado por Lee Harvey Oswald.

PRESIDENTES DE LOS EE. UU. DESDE 1980

Ronald Reagan

Ronald Wilson Reagan nació el 6 de Febrero de 1922, en Tampico, Illinois. En 1937, se convirtió en actor y apareció en 53 películas durante el transcurso de las siguientes dos décadas. En 1966, fue elegido gobernador de California; fue reelegido en 1970. Ronald Reagan se convirtió en el 40avo presidente de los Estados Unidos, sirviendo dos mandatos de 1981 hasta 1989. Su vicepresidente fue George Bush.

Reagan es conocido por lidiar habilidosamente con el Congreso. Reagan obtuvo legislación para estimular el crecimiento económico, poner freno a la inflación, incrementar el empleo y fortalecer la defensa nacional. Se dedicó a la tarea de recortar impuestos y gastos de gobierno, se rehusó a dejar de hacerlo aun cuando el fortalecimiento de las fuerzas de defensa provocó un gran déficit. Una renovación de la auto-confianza nacional en 1984 ayudó a Reagan y a Bush a ganar un segundo mandato.

En 1986, Reagan obtuvo una revisión del código del impuesto sobre el ingreso, el cual eliminaba muchas deducciones y exentaba a millones de personas con ingresos bajos. Al final de su administración, la nación estaba disfrutando su periodo de prosperidad en tiempos de paz más largo sin recesión o depresión. Ronald Reagan murió en su casa en Bel Air, California el 5 de Junio de 2004.

George Herbert Walker Bush

George Herbert Walker Bush, nació en Massachusetts en 1924 siendo sus padres el Senador Prescott Bush y Dorothy Walker Bush. Después que Pearl Harbor fuera atacado en 1941, Bush pospuso su entrada al colegio y se convirtió en el aviador de la marina más joven en la historia de los EE. UU. a la edad de 18 años. Después de la guerra, asistió a la Universidad de Yale. Se casó con Bárbara Pierce en 1945.

Bush sirvió como miembro de la Cámara de Representantes, antes de lanzarse por la presidencia sin éxito en 1980. Sin embargo, fue elegido por Ronald Reagan como su nominado para la vicepresidencia ese año. Sirvió dos mandatos como vicepresidente y se lanzó nuevamente por la presidencia, en esta ocasión exitosamente, en 1988.

La Presidencia de Bush es conocida por su política exterior. Se efectuaron operaciones militares en Panamá y el Golfo Pérsico. El Muro de Berlín cayó en 1989 y la Unión Soviética se disolvió dos años después. Domésticamente, Bush elevó los impuestos y batalló con el Congreso. Bush perdió la elección presidencial ante el Demócrata Bill Clinton, actualmente Bush vive con su esposa Bárbara en Houston, Texas.

William Jefferson Clinton

William Jefferson Clinton (conocido como Bill) nació en Arkansas en 1946. Asistió a la Universidad de Georgetown en Washington, D. C. Después de su graduación ganó la Beca Rhodes de la Universidad de Oxford. Después de Oxford, Clinton asistió a la Escuela de Leyes de Yale y obtuvo el grado de Doctor en Jurisprudencia en 1973. Se casó con su colega abogada Hillary Rodham en 1975.

Clinton fue elegido Gobernador de Arkansas en 1978. En 1992 fue elegido presidente. Sirvió dos mandatos de 1993 al 2001. Clinton se volvió presidente al final de la Guerra Fría, y es conocido como el primer presidente nacido durante la posguerra. Clinton ha sido descrito como un "centrista". La presidencia de Clinton abarcó el periodo más largo de expansión económica en tiempos de paz en la historia estadounidense, incluyendo un presupuesto balanceado y un superávit federal reportado de $559 billones.

La presidencia de Clinton se vio dañada por el escándalo, incluyendo controversia por tratos de bienes raíces y la *Whitewater Development Corporation*. Clinton también tuvo una relación sexual con una joven interna de la Casa Blanca llamada Mónica Lewinsky, lo cual provocó otro escándalo. En 1988, Clinton fue acusado de obstrucción de la justicia, pero enseguida fue exonerado por el Senado de los EE. UU. A pesar de estos incidentes, Clinton abandonó su cargo con un índice de aprobación del 65%.

Después de terminar su mandato, Clinton creó la *William J.*

Clinton Foundation, ha estado involucrado en oratoria, y en la promoción de trabajo humanitario global. También se involucró en la fallida campaña por la presidencia de su esposa Hillary en el 2008.

George Walker Bush

George Walker Bush nació en New Haven, Connecticut en 1946 y se crió en Texas. Bush asistió a la Universidad de Yale. Después de su graduación, se enlistó en la Guardia Nacional Aérea de Texas. Se casó con Laura Welch en 1977.

Bush sirvió como Gobernador de Texas de 1995-2000 y fue elegido presidente en el 2000. Fue reelegido en 2004. Bush es el hijo mayor de George Herbert Walker Bush, el 41avo Presidente.

La presidencia de Bush estuvo marcada por la confusión que inició con los ataques terroristas del 11 de Septiembre de 2001. Bush anunció la Guerra Global contra el Terrorismo y lanzó un ataque contra Afganistán y más tarde un ataque contra Irak. Aunque la guerra fue declarada como una victoria en 2004, le lucha continuó y la guerra se volvió bastante impopular entre muchos norteamericanos.

El Presidente Bush convirtió en ley una reducción de impuestos de $1.6 trillones en 2001 y aprobó la Ley Que Ningún Niño Se Quede Atrás el Acta en 2002. Quizás uno de los actos más críticos que el Presidente Bush aprobó fue el Acta Patriota, diseñada para prevenir el terrorismo.

Bush comenzó su presidencia con un índice de aprobación del 50 por ciento, y ese número se disparó hasta un 80 o 90 por ciento después del 11 de Septiembre. Sin embargo, la guerra continua y una severa crisis económica interna provocó que su índice de aprobación se desplomará hasta un 20 por ciento a medida que se acerca al final de su presidencia.

Barack Hussein Obama II

Barack Hussein Obama II nació en 1961 en Hawaii. Obama se graduó en la Universidad de Columbia y la Facultad de Derecho de Harvard, donde fue presidente de la *Harvard Law Review*. Obama se mudó a Chicago donde trabajó como organizador comunitario y abogado de derechos civiles. También enseñó derecho constitucional en la Facultad de Derecho de la Universidad de Chicago. Obama se casó con su colega abogada Michelle Robinson en 1992. Sirvió tres mandatos en el Senado de Illinois de 1997 a 2004. Obama fue elegido para el Senado de los EE. UU. en 2004.

Barack Obama posee la distinción de ser el primer afroamericano en ser elegido Presidente de los Estados Unidos. Fue elegido como el 44avo Presidente en Noviembre de 2008.

EL SISTEMA DE CORTES

Las cortes que constituyen el sistema judicial de los EE. UU. sirven como un foro que le permite a dos partes presentar argumentos contrarios enfrente de un juez imparcial.

Organización de las Cortes Estatales

Cada estado tiene por lo menos cuatro niveles de cortes: tribunales de primera instancia, tribunales, corte de apelación y las supremas cortes estatales. Los tribunales de primera instancia escuchan casos especiales, tales como infracciones de tráfico; los tribunales generales lidian con todos los casos civiles y criminales importantes; las cortes de apelación apelan los tribunales. La suprema corte estatal es el tribunal más alto en el sistema estatal. La Corte Suprema de los EE. UU. solo atiende los casos que quiere revisar. Usualmente estos involucran las partes que desean apelar las decisiones de las Cortes federales de Apelación o de las cortes supremas estatales.

Selección de Jueces

Aunque el presidente nomina personas para ocupar los puestos judiciales federales, el Senado debe confirmar cada una por votación mayoritaria. Debido a esto, usualmente los presidentes los revisan cuidadosamente con el senador o senadores pertinentes con anticipación.

El Papel de los Jurados

Un jurado es un grupo de personas que representan una muestra representativa de la comunidad. Escuchan los argumentos de la corte y toman decisiones o hacen recomendaciones sobre un caso. Son parte integral del aseguramiento de la imparcialidad de nuestro sistema de justicia.

Independencia Judicial

A través de la historia norteamericana, la independencia judicial ha protegido las libertades individuales y prevenir la tiranía de la mayoría. La independencia judicial asegura que cada caso será decidido en base sus propios méritos.

PRINCIPALES EVENTOS HISTÓRICOS DE LOS EE. UU.

El Ferrocarril Transcontinental

En 1862, Abraham Lincoln ordenó la construcción del ferrocarril transcontinental. Este sistema de ferrocarriles de gran alcance corría desde la Costa Este hasta la Costa Oeste y conectaba el campo con las ciudades. Muchos inmigrantes del este de Asia ayudaron a construir la vía férrea en el lado oeste.

La Guerra Civil

A principios de los años 1860, los estados del sur se separaron de la Unión y se convirtieron en los Estados Confederados de

América. Lincoln creía que la Unión tenía que permanecer unida. Se rehusó a reconocer los Estados Confederados de América. Pronto comenzó la guerra. Esta guerra fue llamada la Guerra Entre los Estados o la Guerra Civil; murieron muchos hombres en ambos bandos. Durante la guerra, Abraham Lincoln declaró libres a los esclavos y emitió la Proclamación de Emancipación. En Enero de 1865, el Congreso aprobó la Decimotercera Enmienda, la cual abolió la esclavitud en todo el país. Finalmente, las batallas terminaron en Abril de 1865. El 9 de Abril de 1865, el general del Ejército Confederado, Robert E. Lee, se rindió ante Ulysses S. Grant, general del Ejército de la Unión.

La Decimocuarta Enmienda

En 1866, el Congreso aprobó el Acta de Derechos Civiles, la cual le permitió a los afroamericanos presentar demandas contra los blancos y pertenecer a un jurado. Para proteger estos derechos, los estados ratificaron la Decimocuarta Enmienda y le concedió el derecho de votar a los afroamericanos con la Decimoquinta Enmienda. Además de estas medidas, el Congreso envió tropas federales al sur para ayudar a los afroamericanos para que se registraran para votar.

La Gran Depresión

Los años veintes fueron un periodo emocionante de la historia estadounidense. Fueron llamados los "Alegres Veintes", además fue un tiempo en el que a la mayoría de las personas les iba bien. El mercado de valores estaba subiendo, había abundancia de trabajos, además había muchos nuevos y emocionantes inventos, tales como la radio, las películas y los aeroplanos. Desafortunadamente, los buenos tiempos terminaron el 29 de Octubre de 1929 cuando colapsó el mercado de valores. Miles de norteamericanos habían invertido enormes sumas de dinero en Wall Street. El mercado sufrió una gran pérdida y muchas personas perdieron mucho dinero. Este fue el inicio de lo que sería conocido como la "Gran Depresión".

Durante la Gran Depresión, la economía de los EE. UU. estuvo en su nivel más bajo en la historia y había muy pocos trabajos. La Depresión comenzó en 1929 y duró hasta 1940. Fue una época terrible. Las tiendas y las fábricas cerraron, miles de personas quedaron desempleadas, y muchas se volvieron indigentes. Herbert Hoover era el presidente al inicio de la Depresión, él creía que la única manera de recuperar la prosperidad era apoyar a la economía y tener la convicción de que la situación mejoraría. Hoover siguió diciendo que la recuperación estaba a la vuelta de la esquina, incluso cuando más y más fábricas y negocios cerraban. A pesar de las crecientes dificultades que pasaban la mayoría de los norteamericanos, decidió no ofrecer ninguna ayuda gubernamental para aliviar sus problemas.

Los norteamericanos se cansaron de la negativa de Hoover de proporcionar ayuda federal, por lo que no fue reelegido. Franklin D. Roosevelt se volvió presidente en 1933. En el curso de sus primeros tres meses al mando instituyó muchos programas nuevos que otorgaron alivio a la economía y a la agricultura. Sus reformas "Nuevo Trato" crearon trabajos e iniciaron la recuperación de la economía nacional. El Nuevo Trato ayudó a mejorar bastante las cosas para los estadounidenses, además ayudó a inspirar el sentimiento de que las cosas iban a mejorar. Sin embargo, la economía no recuperó su anterior fortaleza hasta 1941, cuando los Estados Unidos entraron a la Segunda Guerra Mundial.

Segunda Guerra Mundial

Cuando la Segunda Guerra Mundial comenzó en 1939, los Estados Unidos fueron neutrales. Eso cambió después de que los japoneses bombardearon la base naval de los EE. UU. en Pearl Harbor, Hawaii el 7 de Diciembre de 1947. Mucha gente perdió la vida. El Presidente Roosevelt la llamó "una fecha que vivirá en la infamia". Este ataque metió a los Estados Unidos a la guerra en Europa del oeste y el Pacífico. Hubo muchas batallas importantes durante la Segunda Guerra Mundial. Una de las más significativas fue la Batalla de Iwo Jima. Las fuerzas armadas de los EE. UU. invadieron Iwo Jima, una pequeña isla fuera de la costa japonesa. Una fotografía de las tropas estadounidenses elevando una bandera en Iwo Jima se volvió famosa en todo el mundo y actualmente es símbolo del Cuerpo de Marines de los Estados Unidos y de la Segunda Guerra Mundial.

El Movimiento por los Derechos Civiles

El Movimiento por los Derechos Civiles fue una serie de protestas y marchas que se llevaron a cabo entre los años cincuentas y los años setentas. Durante muchos años les fueron negados los derechos constitucionales básicos a los afroamericanos. Hasta el final de la Guerra Civil en 1865, la mayoría de los afroamericanos eran esclavos. Después de la Guerra Civil, soportaron costumbres y leyes que estaban diseñadas para evitar que gozaran de las mismas oportunidades y libertades que los otros norteamericanos. Los afroamericanos no podían votar o postularse para un cargo público. En Atlanta a finales de los de los años cincuentas, por ejemplo, los afroamericanos no tenían permitido utilizar las mismas fuentes de agua para beber o baños que la gente blanca. No tenían permitido hospedarse en un hotel o comer en restaurantes donde se sirviera a la gente blanca. Tenían que asistir a escuelas de calidad inferior. Esto fue resultado de las "Leyes de Segregación Racial", que eran estatales y de las regulaciones locales que estuvieron en efecto en el sur hasta 1965. La separación social de los afroamericanos y los blancos fue conocida como segregación. El Movimiento por los Derechos Civiles fue un esfuerzo organizado para lograr un cambio pacífico, detener la segregación y obtener derechos iguales para los ciudadanos afroamericanos.

Martin Luther King, Jr.

Martin Luther King, Jr. se volvió uno de los líderes principales del Movimiento por los Derechos Civiles durante los años cincuentas. Era un Ministro bautista y un defensor no violento de los derechos civiles. King creía en la protesta pacífica como una manera para cambiar las leyes que eran injustas con los afroamericanos. Organizó y dirigió marchas por los derechos civiles básicos. El 14 de Octubre de 1964, King se volvió el ganador más joven del Premio Nobel de la Paz. Es considerado uno de los más grandes líderes y un héroe en la historia norteamericana. Fue asesinado en 1968. El asesinato provocó disturbios a nivel nacional en más de 100 ciudades.

El Boicot al Autobús de Montgomery

Hubieron muchas protestas durante la era de los derechos civiles, pero una de las más famosas fue el Boicot al Autobús de Montgomery. Comenzó en 1955 cuando una costurera llamada Rosa Parks fue arrestada por rehusarse a ceder su asiento a un pasajero blanco. Cuando fue declarada culpable, apeló su caso. Este fue el comienzo del Boicot al Autobús de Montgomery además de ser un incidente fundamental en el Movimiento por los Derechos Civiles.

La Ley de los Derechos Civiles

El Congreso y el Presidente Lyndon B. Johnson respondieron al Movimiento por los Derechos Civiles aprobando la Ley de los Derechos Civiles de 1964. Esta ley prohibía la discriminación basada en la raza, religión, nacionalidad o género, y le otorgó a los afroamericanos muchos de los derechos por los que Martin Luther King y otros activistas habían luchado.

La Guerra Fría

La Guerra Fría fue un conflicto entre los Estados Unidos y Rusia que comenzó después de la Segunda Guerra Mundial y duró casi medio siglo. Terminó con la disolución de la Unión Soviética en 1991. En lugar de pistolas, las armas utilizadas en esta guerra fue la tecnología y el espionaje. Sin embargo, la amenaza de una guerra nuclear entre estas dos superpotencias afectó la vida a escala global. Aunque hubo muchas causas para la Guerra Fría, el principal argumento entre los dos países era sobre la filosofía política del comunismo.

La Invasión de la Bahía de Cochinos y La Crisis de los Misiles de Cuba

En 1961, los EE. UU. apoyaron a los exiliados cubanos en su intento de derrocar a Fidel Castro, el líder comunista de Cuba. Este esfuerzo militar fue conocido como la "Invasión de la Bahía de Cochinos". El ejército de Castro evitó la invasión y muchos exiliados perdieron la vida o terminaron como prisioneros cubanos.

La Crisis de los Misiles de Cuba sucedió en Octubre de 1962. Llevó a los Estados Unidos y a la Unión Soviética (URSS) cerca de la guerra debido a la presencia de misiles nucleares soviéticos en Cuba. En Mayo de 1962, Nikita Khrushchev hizo planes para colocar misiles nucleares de rango intermedio en Cuba como una manera de adelantarse a los Estados Unidos en el desarrollo y despliegue de misiles. Le presentó esta idea a Fidel Castro como una manera de proteger a Cuba de las invasiones de los EE. UU. La Unión Soviética trabajó en secreto y recibió la aprobación de Castro para construir las instalaciones de misiles en Cuba. Se le mostraron fotografías de la construcción al Presidente Kennedy el 16 de Octubre de 1962. Después de un periodo tenso de siete días, durante el cual el Presidente Kennedy anunció que cualquier ataque nuclear de Cuba sería considerado como un ataque de la Unión Soviética, los Estados Unidos impusieron una cuarentena naval sobre Cuba. El 28 de Octubre, Khrushchev anunció que desmantelaría las instalaciones.

Vietnam

La guerra de Vietnam fue el centro de atención de muchas de las mayores protestas durante los años sesentas. Para el año 1966, más de 500,000 tropas habían sido destacadas en el área. Para la época en que Richard Nixon llegó a la Oficina Oval en 1969, existía mucha oposición a la guerra. Parecía interminable, estaba drenando el poder militar de la nación y los recursos económicos. Nixon diseño una triple estrategia para terminar el enfrascamiento de los Estados Unidos en el conflicto. Comenzó a disminuir gradualmente el número de tropas terrestres norteamericanas. Envió a Henry Kissinger, su consejero en seguridad nacional y secretario de estado, a Vietnam del Norte para negociar un tratado. Finalmente, autorizó una campaña de bombardeo masivo en Marzo de 1969 para acabar con las rutas de suministros de los vietnamitas del norte. La guerra terminó con la firma del Acuerdo de París en Enero de 1973.

El Escándalo Watergate

Watergate es un hotel y complejo de oficinas en Washington, D. C.; también simboliza uno de los escándalos más significativos en la historia de los EE. UU. En 1972, muchas personas allanaron la sede del Comité Demócrata Nacional localizado en Watergate. El FBI investigó y concluyó que Nixon había estado al tanto del asalto y había tratado de ocultar esta mala acción. Confrontado con una acusación, Nixon renunció en 1974. El Vicepresidente Gerald Ford fue jurado como presidente. Treinta días después Ford asumió el mando, y le otorgó el indulto a Nixon.

Richard Nixon cometió muchos errores, pero también será recordado por las buenas cosas que logró. Se retiró de Vietnam y logró mejorar las relaciones con China y la URSS. Sus acciones redujeron las tensiones internaciones y disminuyeron la amenaza de una guerra nuclear.

La Guerra Global contra el Terrorismo

La Guerra Global contra el Terrorismo comenzó con los ataques del 11 de Septiembre de 2001 por parte del grupo terrorista Al-Qaeda. Fueron secuestrados cuatro aviones. Dos se estrellaron contra las torres gemelas del World Trade Center en la Ciudad de Nueva York. El daño provocado por los impactos de los aviones fue devastador para la estructura, por lo que los dos edificios se derrumbaron ante el horror de las audiencias televisivas de todo el mundo.

Otro avión secuestrado fue estrellado contra el Pentágono en Washington, D. C. Aunque el daño y la cuota mortal fue menor, aún así causó un gran impacto en todos los norteamericanos.

El último avión secuestrado se estrelló en un campo en Pensilvania. Los pasajeros lucharon para quitarle a los secuestradores el control del avión y se estrellaron en un campo abierto, evitando que los secuestradores atacaran otro edificio. En total, murieron 2,992 personas el 11 de Septiembre.

Los Estados Unidos emprendieron la acción en contra de los terroristas y lanzaron la Guerra Global contra el Terrorismo, la cual comenzó en Afganistán para quitar a los Talibanes y a Al-Qaeda. Después se emprendió la guerra contra Irak en un esfuerzo por eliminar las armas de destrucción masiva, más tarde el gobierno descubrió que estas no estaban presentes.

9
★ HABILIDADES EN EL IDIOMA INGLÉS ★

Un solicitante de la ciudadanía de los EE. UU. debe poseer la habilidad para leer, escribir, hablar y comprender el idioma inglés. Le serán dictadas algunas oraciones para probar su habilidad en el idioma inglés.

EJERCICIOS PRÁCTICOS PARA EL REQUISITO DEL IDIOMA INGLÉS

El examen de naturalización de los EE. UU. examina tanto su conocimiento de la historia y gobierno norteamericano así como su conocimiento del idioma inglés. Las siguientes oraciones son ejemplos del tipo de oraciones que podrían pedirle escribir durante el examen y entrevista para la ciudadanía. Por favor recuerde que las preguntas son ejemplos solamente. Lea las siguientes oraciones. Luego haga que alguien se las dicte y practique escribiéndolas.

- She has a beautiful cat.

- He lives with his mother and father.

- She knows how to ride a horse.

- She found a very good job.

- He went to the grocery store.

- Her husband is at work.

- I went for a walk today.

- She bought a red dress today.

- I have four children.

- I am learning to speak English.

- Today is a rainy day.

- She is a good cook.

- He wants to live near his sister.

- My family lives in a big house.

- There is a big tree in the yard.

- The children go to school.

- The boys and girls play ball.

- The first U.S. president was George Washington.

- All people enjoy their freedom.

- America is the land of equality.

- Citizens vote in elections.

- The U.S. has three branches of government.

- There are 50 stars in the American flag.

- The Senate and the House are parts of Congress.

- Laws are passed by Congress.

- Congress can declare war.

- There are 13 stripes on the American flag.

Revise cuidadosamente las oraciones. Corrija y re-escriba cualquier oración que haya tenido errores. Repita los ejercicios anteriores hasta que se sienta cómodo escribiendo las oraciones cuando alguien se las esté dictando y escríbalas todas correctamente.

Existen diversas actividades comunes que una persona puede realizar para aprender inglés. Un solicitante puede:

- Se puede inscribir en un curso de inglés es la escuela local para adultos

- Estudiar con los amigos

- Completar ejercicios de práctica

- Memorizar pronombres

- Aprender las palabras que indican el género femenino y masculino

- Sacar libros de la biblioteca local

- Escuchar grabaciones del idioma

No hay nada agobiante en ninguna de las actividades anteriores. Todas ellas son grandiosas actividades que le ayudarán a aprender inglés.

ÁREAS

Las cuatro áreas del idioma son leer, escribir, hablar y comprender. Algunas personas son globales, ya que pueden hacer cada una de estas cosas igualmente bien. La mayoría de la gente descubre que es más fuerte en una de las áreas anteriores que en otras.

¿Puede identificar cuál es su área más fuerte? Usted lee, escribe, habla o comprende en su idioma materno. ¿En qué área destaca? Puede utilizar su fortaleza en un área para reforzar sus debilidades en otra. Usted tendrá muchas ideas propias, pero a continuación hay unos cuantos ejemplos que le mostrarán como utilizar sus fortalezas en un área para reforzar sus debilidades en otras. Si su mayor fortaleza está en:

- Lectura — Usted se puede sentir más cómodo leyendo en su idioma materno, pero restrínjase. Lea un libro en inglés, escriba un reporte sobre un libro y reporte oralmente el libro a sus amigos y/o familiares, o bien grabe su desempeño para mejorar su manera de hablar y su comprensión. Recuerde, ¡solo en inglés!

- Escritura — Lea lo que haya escrito. Escriba un resumen y léalo en voz alta para mejorar sus habilidades de lectura y comprensión.

- Hablar — Escriba un discurso en inglés, léalo ante una grabadora y luego escúchese para mejorar su lectura, escritura y comprensión.

- Comprensión (escuchando y comprendiendo) — Escuche un audio-libro, escriba un resumen detallado de él, lea el resumen en voz alta para mejorar sus habilidades de lectura, escritura y para hablar.

EJERCICIO DE VOCABULARIO

Acomode la siguiente lista de palabras en orden alfabético. Busque cada una en el diccionario y escriba la definición con sus propias palabras:

- America
- February
- Abraham Lincoln
- Washington
- Citizen
- Civil
- Congress
- September
- Country
- Mexico
- November
- Vote
- Liberty
- Rights
- White House
- Citizenship
- Privileges

- United States
- President
- Memorial
- Flag
- George Washington
- Independence
- Senate
- Labor Day
- Columbus
- October
- Thanksgiving
- Freedom
- Register
- Senator
- Naturalization
- Responsibilities
- Civics

- Bill of Rights
- Government
- Holidays
- Natives

- Election
- People
- Indians
- Supreme Court

¿Existe la vida después del juramento? Puede apostar a que si. Un solicitante de la ciudadanía de los EE. UU. no necesariamente tiene que ser elocuente en inglés, pero él o ella debe tener la habilidad de leer, escribir, hablar y comprender lo básico del idioma inglés. ¿Por qué detenerse ahí? Estará viviendo en los Estados Unidos. Va a ser su hogar. La gente en los Estados Unidos habla una gran diversidad de idiomas y dialectos, pero el idioma principal usado en los EE. UU. es el inglés. De cualquier manera tendrá que estudiar para el examen. Después de que se vuelva ciudadano naturalizado, seguirá aprendiendo el idioma y la cultura norteamericana, pero también se estará enfocando en muchas otras cosas. Ahora mismo, mientras programa el tiempo para estudiar para su examen de ciudadanía es el mejor momento para concentrarse en aprender inglés. Es en su beneficio volverse elocuente - o lo más cercano a la elocuencia que el tiempo le permita - antes de hacer el examen de ciudadanía.

Usted vive en un ambiente sumamente global y todos necesitan ser elocuente en por lo menos dos idiomas. Aprender el idioma inglés puede, y debe de, ser divertido, entre más inglés aprenda ahora, más sencillo le resultará su ajuste a la cultura norteamericana.

10
★ LA CONSTITUCIÓN DE LOS EE. UU. ★

Se requiere que un solicitante de naturalización tenga una comprensión básica de los principios de la Constitución de los EE. UU. Este capítulo proporciona una revisión de la Constitución de los EE. UU.; sin embargo, puede encontrar la versión completa de la Constitución de los EE. UU. así como las Enmiendas constitucionales en los Apéndices G y H.

PRINCIPIOS DE LA CONSTITUCIÓN DE LOS EE. UU.

La Constitución de los EE. UU., escrita en 1787, esboza los ideales fundamentales de los Estados Unidos y define el alcance y función del gobierno de los EE. UU. El gobierno creado por la Constitución fue fundado en el consentimiento, o anuencia, del pueblo. La Constitución concede derechos específicos a la gente que vive en los Estados Unidos y otorga ciertos derechos al gobierno. La autoridad del gobierno nacional está limitada a los poderes escritos en la Constitución.

El Preámbulo

La introducción de la Constitución es llamada el Preámbulo. El Preámbulo declara que "Nosotros, el Pueblo" establecemos la Constitución. El gobierno de los EE. UU. es de hecho una democracia representativa.

El gobierno de los EE. UU. está separado en tres divisiones: ejecutivo, judicial y legislativo. Estas secciones del gobierno funcionan bajo un sistema de equilibrio de poderes. El sistema está diseñado para asegurar que las otras divisiones puedan supervisar el trabajo y actividades de cada división del gobierno; de esta manera, ninguna entidad del gobierno puede volverse demasiado poderosa.

Legislatura Bicameral

El Congreso es la rama legislativa del gobierno. El Congreso está dividido en dos partes: el Senado y la Cámara de Representantes. Esto es llamado una legislatura bicameral.

EL PODER LEGISLATIVO

La nación está dividida en 435 distritos del congreso. Los residentes de cada distrito están representados por un miembro de la Cámara de Representantes. La gente que vive en distrito representativo es llamada constituyente. Los miembros de la Cámara de Representantes siguen de cerca la opinión pública. Son directamente responsables ante la gente de su distrito y usualmente están de acuerdo con los puntos de vista generales de sus constituyentes. De lo contrario, pueden ser rechazados en las elecciones. El número de representantes de cada estado es re-calculado cada diez años con la información proveniente del Censo de los EE. UU. Si un estado tiene muchos residentes mientras que otro pierde demasiados, el primer estado podría obtener uno o más nuevos representantes, mientras que el otro estado podría perder uno o más.

Cada miembro de la Cámara de Representantes sirve durante dos años. Los Senadores sirven durante seis años. El Senado y la Cámara de Representantes se supervisan los unos a los otros, para asegurar que ninguno se vuelva demasiado poderoso. Para que una ley sea aprobada por el presidente, debe ser aprobada tanto por el Senado como por la Cámara de Representantes. A cada cámara de la legislatura se le otorgan poderes específicos. Por ejemplo, solamente el Senado tiene el poder de rechazar un acuerdo firmado por el presidente o una persona elegida para servir en la Suprema Corte. Solamente la Cámara de Representantes tiene el poder de comenzar la consideración de un proyecto de ley parlamentaria que haga que los norteamericanos paguen impuestos.

Leyes Federales

La principal función del Congreso es elaborar leyes federales. Las leyes federales son reglas que deben acatar todas las personas que viven en los Estados Unidos. Cada ley comienza como una propuesta hecha por un miembro del Congreso. La mayoría de las propuestas pueden ser iniciadas por cualquier senador o representante; sin embargo, las propuestas que tienen que ver con los impuestos deben comenzar en la Cámara de Representantes. Cuando el Senado o la Cámara comienza a debatir la propuesta, es llamada proyecto de ley parlamentaria. Si el presidente la firma, se vuelve una ley federal.

EL PODER EJECUTIVO

El Presidente

El presidente es elegido por el pueblo cada cuatro años. Los creadores de la Constitución querían limitar los poderes del presidente. Los poderes presidenciales incluyen la autoridad para hacer acuerdos con otros países y para seleccionar embajadores que representen a los Estados Unidos en el extranjero. Como cabeza del poder ejecutivo, el presidente nombra los líderes principales de los departamentos federales. Sin embargo, el Senado tiene el poder de rechazar las nominaciones del presidente.

EL PODER JUDICIAL

El poder judicial del gobierno está compuesto por muchas cortes federales diferentes. La Constitución creó la Suprema Corte; sin embargo, se le otorgó al Congreso el derecho de crear cortes federales de primera instancia. Dos ejemplos de cortes de primera instancia son las cortes de apelación y las cortes distritales. Los fallos impuestos por las cortes de primera instancia pueden ser revisados e invalidados por la Suprema Corte.

La Suprema Corte de los EE. UU. se asegura de que las leyes estén en armonía con la Constitución. Si una ley es inconsistente, la Corte puede decidir que es inconstitucional y la ley puede ser rechazada. La Suprema Corte tiene la decisión final en todos los casos que tienen que ver con leyes y pactos federales, y sobre las disputas entre los estados.

Cuando se escribió la Constitución por primera vez, no enfatizaba la idea de los derechos individuales. Su cometido era construir una estructura para el gobierno. Un grupo de norteamericanos llamados los Anti-federalistas querían una lista de las cosas que el gobierno central podía y no podía hacer. En respuesta, James Madison creó una lista de derechos y límites individuales del gobierno. Por ejemplo, la lista incluía el derecho a la libertad de expresión de los ciudadanos, la libertad de prensa y la libertad de culto. La lista estaba en la forma de cambios, o enmiendas, a la Constitución. Estas primeras enmiendas fueron ratificadas en 1791.

★ DATO AMERICANO: LA SUPREMA CORTE ★

La Suprema Corte de los EE. UU. es el cuerpo judicial más alto en los Estados Unidos, además dirige la judicatura federal. Esta formada por el Presidente de la Suprema Corte de los EE. UU. y ocho Jueces Vocales, los cuales son nominados por el Presidente y confirmados con el "consejo y consentimiento" del Senado. Una vez designados, los Jueces tienen efectivamente un cargo vitalicio, ya que sirven mientras "tengan un buen Comportamiento", el cual solo se termina con la muerte, renuncia, retiro o enfrenten una condena por un juicio político. La Corte se reúne en el edificio de la Suprema Corte de los Estados Unidos localizado en One First Street Northeast, Washington, DC.

Fuente: http://en.wikipedia.org/wiki/Supreme_Court_of_the_United_States

LA CARTA DE DERECHOS

Las enmiendas son adiciones o cambios a la Constitución. Las primeras diez enmiendas son llamadas la Carta de Derechos. Son un símbolo de la libertad de los norteamericanos y muchos otros en todo el mundo.

Las Enmiendas

- La Primer Enmienda protege nuestra libertad de expresión y culto.

- La Segunda Enmienda le otorga a los ciudadanos el derecho de portar armas.

- La Tercer Enmienda declara que el gobierno no puede forzar a los ciudadanos a que dejen vivir soldados en sus casas a menos que el país esté en guerra.

- La Cuarta Enmienda le otorga a los ciudadanos el derecho a la privacidad.

- La Quinta Enmienda le otorga protección a la gente acusada de crímenes.

- La Sexta Enmienda le otorga a la gente acusada de crímenes el derecho de un juicio por jurado.

- La Séptima Enmienda le otorga a los ciudadanos el derecho a tener un juicio por jurado para presentar argumentos sobre posesiones.

- La Octava Enmienda establece que las cortes no pueden solicitar una fianza inusualmente alta.

- La Novena Enmienda reconoce los derechos y las libertades inherentes en las constituciones estatales y en las leyes estatales y locales.

- La Décima Enmienda declara que si la Constitución no otorga un poder específico al gobierno nacional, ese poder pertenece a los estados.

La 13ava, 14ava y la 15ava Enmiendas fueron realizadas al final de la Guerra Civil para extender los derechos a los afroamericanos.

- La Decimotercera Enmienda terminó con la esclavitud.

- La Decimocuarta Enmienda declara que todos los ciudadanos tienen el derecho de ser protegidos equitativamente por la ley.

- La Decimoquinta Enmienda garantiza que ningún estado puede quitarle a una persona sus derechos para votar en base a su raza o color.

- La Decimoséptima Enmienda declara que los votantes de cada estado elegirán senadores de ese estado

- La Decimonovena Enmienda le otorga a las mujeres el derecho a votar.

- La Vigésimo Tercera Enmienda le otorga a los residentes del Distrito de Columbia el derecho de participar en las elecciones presidenciales.

- La Vigésimo Cuarta Enmienda derogó el impuesto de votación.

- La Vigésimo Quinta Enmienda detalla el proceso de sucesión presidencial.

- La Vigésimo Sexta Enmienda disminuyó la edad para votar a los 18 años.

La Constitución ha sido enmendada muchas veces. Muchas de las enmiendas han sido realizadas para incrementar o extender los derechos de los norteamericanos y para limitar el poder del gobierno nacional.

★ DATO AMERICANO: LA CAMPANA DE LA LIBERTAD ★

La Campana de la Libertad, en Filadelfia, Pensilvania, es una campana que ha servido como uno de los más prominentes símbolos de la Guerra de la Independencia. Es un símbolo de la independencia en los Estados Unidos y es un ícono de la libertad y la justicia. De acuerdo con la tradición, su más famoso tañido tuvo lugar el 8 de Julio de 1776, para convocar a los ciudadanos de Filadelfia para hacer la lectura de la Declaración de Independencia.

Fuente: http://en.wikipedia.org/wiki/Liberty_bell

11
EL NUEVO
★ EXAMEN DE CIUDADANÍA ★

Los Servicios de Ciudadanía e Inmigración de los EE. UU. (USCIS) han diseñado 144 preguntas y respuestas para un nuevo examen piloto. Este examen piloto fue entregado a voluntarios en 2007. El nuevo examen enfatiza los principios de la democracia así como, los privilegios y responsabilidades de la ciudadanía de los EE. UU.

CUÁL EXAMEN TOMAR

El 1 de Octubre de 2008 fue implementado un nuevo examen de naturalización. De 100 posibles preguntas, el solicitante será puesto a prueba en 10 preguntas y generalmente tiene que contestar correctamente seis para aprobar.

A continuación encontrará un examen de 100 preguntas que puede tomar para estar listo para las preguntas que le harán para poder obtener su ciudadanía. Las respuestas pueden encontrarse en el Apéndice I. Por favor, tome en cuenta que estas preguntas pueden no ser exactamente iguales, pero le pueden dar una idea de qué es lo que debe estudiar.

También considere que el oficial de inmigración le hará estas preguntas verbalmente y no tendrá que elegir entre múltiples opciones. Habiéndole informado esto, una buena manera de estudiar es hacer que un amigo o miembro familiar le haga algunas de las preguntas y le diga las respuestas sin ver las diversas opciones.

También podrá encontrar este examen en el CD-ROM acompañante, para que pueda imprimirlo y tomarlo todas las veces que sean necesarias para ayudarle a prepararse para las preguntas.

EXAMEN DE PRÁCTICA

1. *¿Qué día feriado fue celebrado por primera vez por los colonizadores norteamericanos?*

    A. Día de la Raza

    B. Día de la Remembranza

    C. Día de la Independencia

    D. Día de Gracias

2. *¿Quién hace las leyes federales en los Estados Unidos?*

    A. El Presidente

    B. El Gabinete

    C. El Congreso

    D. La Suprema Corte

3. *¿Qué es la Constitución?*

    A. Juramento de lealtad

    B. La ley suprema de la tierra

    C. La Declaración de Independencia

    D. La Bandera de los EE. UU.

4. ¿Cuál es la parte más alta del poder judicial de nuestro gobierno?

    A. La Constitución
    B. La Suprema Corte
    C. El Presidente
    D. El Congreso

5. Una propuesta se convierte en ley cuando el Presidente:

    A. Le gusta
    B. La lee
    C. La firma
    D. La veta

6. ¿De cuál de los siguientes países provenían los Peregrinos?

    A. Inglaterra
    B. Nueva Zelanda
    C. Egipto
    D. China

7. Fue líder del Movimiento de los Derechos Civiles

    A. George Washington
    B. Abraham Lincoln
    C. Martin Luther King
    D. John F. Kennedy

8. ¿Cuáles de las siguientes están contenidas en La Carta de Derechos?

    A. Las 10 primeras enmiendas
    B. Las 10 últimas enmiendas
    C. Las 5 primeras enmiendas
    D. Las 5 últimas enmiendas

9. Cuando se hace un cambio a la Constitución, se le llama:

A. Una propuesta de ley
B. Un privilegio
C. Una enmienda
D. Una responsabilidad

10. La Novena Enmienda le otorgó a las mujeres el derecho a:

A. Ir a la guerra
B. Tener un trabajo
C. Servir en un jurado
D. Votar en una elección

11. El líder del Ejército Continental era:

A. Robert E. Lee
B. George Washington
C. George Bush
D. Abraham Lincoln

12. La guerra que ocurrió entre los estados es conocida como:

A. La Guerra Civil
B. La Guerra de Independencia
C. La Guerra de Vietnam
D. La Guerra entre España y los Estados Unidos

13. ¿En qué ciudad estuvo la primera capital de los EE. UU.?

A. Washington, D. C.
B. Boston
C. Filadelfia
D. Nueva York

14. ¿Quién de los siguientes tiene el poder para declarar la guerra?

    A. El Presidente

    B. El Senado

    C. El Congreso

    D. La Suprema Corte

15. Cuando el Presidente entabla un acuerdo con una nación extranjera que no requiere del consentimiento del Senado, se llama:

    A. Un acuerdo ejecutivo

    B. Una orden ejecutiva

    C. Una decisión ejecutiva

    D. Un tratado

16. ¿Cuántos miembros hay en la Cámara de Representantes?

    A. 100

    B. 50

    C. 435

17. ¿Qué representan las franjas de la bandera?

    A. Los 13 estados originales

    B. Los padres fundadores

    C. Los artículos de la Constitución

    D. Los jueces en la Suprema Corte

18. ¿Cuál es la dirección de la Casa Blanca?

    A. 1600 Pennsylvania Avenue

    B. 1601 Pennsylvania Avenue

    C. 1300 Pennsylvania Avenue

    D. 1700 Pennsylvania Avenue

19. *¿Quién fue el único Presidente de los EE. UU. que renunció a su cargo?*

   A. Bill Clinton
   B. Andrew Johnson
   C. George Washington
   D. Richard Nixon

20. *El sistema de equilibrio de poderes incorporado a la Constitución asegura que cada poder del gobierno posea la habilidad de:*

   A. Supervisar los poderes y acciones de los otros poderes
   B. Limitar el poder del gobierno federal
   C. Limitar el poder de los gobiernos estatales
   D. Recibir un salario específico cada año

21. *¿Cuáles son las obligaciones de la Suprema Corte?*

   A. Servir al presidente como miembros del Gabinete
   B. Escribir leyes
   C. Ejecutar leyes
   D. Interpretar y explicar las leyes

22. *¿Cuántos miembros constituyen el Senado?*

   A. 435
   B. 102
   C. 100

23. *¿Cuál parte del gobierno fue creada para responder de manera más directa a la voluntad del pueblo?*

   A. El Senado
   B. La Cámara de Representantes
   C. La Suprema Corte
   D. El Presidente

24.   ¿Quién escribió "The Star-Spangled Banner" (El Himno Nacional de los EE. UU.)?

   A. Francis Scott Key
   B. Katharine Lee Bates
   C. Irving Berlin
   D. Thomas Jefferson

25.   ¿Cuál es el término de servicio de un senador de los EE. UU.?

   A. 2 años
   B. 4 años
   C. 6 años
   D. de por vida

26.   ¿De qué país obtuvieron su independencia los EE. UU.?

   A. España
   B. Francia
   C. Inglaterra
   D. Rusia

27.   ¿Los derechos de quién están garantizados por la Constitución y la Carta de Derechos?

   A. Toda la gente que viva en los Estados Unidos
   B. Votantes registrados
   C. El Presidente
   D. Los ciudadanos nacidos en los Estados Unidos

28.   ¿Cuál de los siguientes está asegurado por la Carta de Derechos?

   A. El derecho de asamblea
   B. El derecho a portar armas
   C. El derecho a ser juzgado por un jurado
   D. Todas las anteriores

29. **¿Quién es el actual Presidente de la Suprema Corte de Justicia de los Estados Unidos?**

    A. George W. Bush
    B. Samuel Alito
    C. John Roberts, Jr.
    D. Antonin Scalia

30. **¿Quién dijo, "Dame libertad o dame la muerte"?**

    A. Patrick Henry
    B. Benjamin Franklin
    C. Martin Luther King, Jr.
    D. Abraham Lincoln

31. **El Compromiso Principal proporcionó un (una):**

    A. Colegio electoral
    B. Legislatura bicameral
    C. Poder ejecutivo del gobierno
    D. Banco nacional

32. **¿Cuál de los siguientes no es un poder del gobierno?**

    A. El poder legislativo
    B. El poder judicial
    C. El poder ejecutivo
    D. El poder administrativo

33. **De acuerdo con la Constitución de los EE. UU., un candidato a la Presidencia debe ser:**

    A. Ciudadano de nacimiento
    B. Tener por lo menos 35 años de edad
    C. Tanto A como B
    D. Ninguna de las anteriores

34. ¿Quién elige al Presidente de los Estados Unidos?

A. La Suprema Corte

B. Congreso

C. El pueblo de los EE. UU.

D. El Colegio Electoral

35. ¿Qué representan las estrellas de la bandera de los EE. UU.?

A. Una por cada estado

B. Los estados originales

C. Una por cada Presidente

D. Ninguna de las anteriores

36. ¿Cuántos cambios se han hecho a la Constitución de los EE. UU.?

A. 13

B. 27

C. 10

D. 15

37. ¿Cuál es el término de servicio de un miembro de la Cámara de Representantes?

A. 2 años

B. 4 años

C. 6 años

D. de por vida

38. Uno de los privilegios del Presidente es el:

A. El veto

B. Procesamiento de un alto cargo público (Impeachment)

C. El perdón

D. Todas las anteriores

39. *¿Cuál de las siguientes tácticas impulsó Martin Luther King, Jr., para conseguir justicia?*

A. Utilizar la violencia para lograr el cambio político
B. Utilizar protestas pacíficas para lograr el cambio político
C. Alejarse de cualquier comunidad donde se practicara el racismo
D. Demandar que las compensaciones sean pagadas a los afroamericanos

40. *¿Qué día se celebra el Día de la Independencia en los EE. UU.?*

A. 4 de Enero
B. 5 de Mayo
C. 4 de Julio
D. 5 de Octubre

41. *Cuando un caso de la corte no es una violación criminal, se le llama:*

A. Un caso civil
B. Un caso criminal
C. Un caso de mala conducta
D. Una infracción

42. *¿Quién fue cuadragésimo tercer Presidente de los Estados Unidos?*

A. Richard Nixon
B. George H. W. Bush
C. Bill Clinton
D. George W. Bush

43.　¿Qué libertad no está protegida por la Primer Enmienda?

A. Libertad de expresión
B. Libertad de culto
C. Libertad de asamblea
D. Libertad de poseer armas de fuego

44.　¿Quién se convierte en el Presidente de los Estados Unidos si muere el actual Presidente?

A. Su cónyuge
B. El Vicepresidente
C. El Vocero de la Cámara de Representantes
D. El Secretario de Estado

45.　¿Quién asesinó al Presidente John F. Kennedy?

A. John Wilkes Booth
B. Jack Ruby
C. Lee Harvey Oswald
D. El gobierno cubano

46.　La desastrosa invasión de Cuba en Abril de 1961 fue conocida como la:

A. Crisis de los Misiles de Cuba
B. El Fiasco Kokomo
C. Bahía de Cochinos
D. Guerra de Vietnam

47. **El primer gobierno oficial de los EE. UU. podría ser descrito como:**

    A. Confederación
    B. Unificación
    C. Monarquía
    D. Patriarcado

48. **¿Cuántos términos puede servir el Presidente de los EE. UU.?**

    A. 3
    B. 2
    C. Infinito siempre y cuando él o ella sean reelegidos

49. **¿En cuál ciudad está localizada la Campana de la Libertad?**

    A. Nueva York
    B. Boston
    C. Filadelfia
    D. Washington, D. C.

50. **¿Cuál de los siguientes Presidentes de los EE. UU. dio el Discurso de Gettysburg?**

    A. George Washington
    B. Martin Luther King, Jr.
    C. Thomas Jefferson
    D. Abraham Lincoln

51. **¿Cuál de los siguientes estados no fue miembro de las 13 colonias originales?**

    A. Georgia
    B. Vermont
    C. Virginia
    D. Pennsylvania

52. ¿Cuántos estados conforman a los EE. UU.?

    A. 49

    B. 50

    C. 51

    D. 52

53. ¿Qué par de documentos escribió Thomas Jefferson?

    A. La Constitución de los EE. UU. y la Declaración de Independencia

    B. Los Artículos de la Confederación y la Carta de Derechos

    C. El Plan Galloway y los Artículos de la Confederación

    D. La Ordenanza del Noroeste y la Declaración de Independencia

54. ¿Cómo se le llama al jefe ejecutivo de un estado?

    A. Gobernador

    B. Presidente

    C. Alcalde

    D. Congresista

55. ¿Cuál fue el último estado admitido en la Unión?

    A. Hawaii

    B. Puerto Rico

    C. Alaska

    D. Washington, D.C.

56. Los Estados Unidos actualmente tienen dos partidos políticos principales. ¿Cuál de los siguientes es uno de ellos?

A. Republicano

B. Azul

C. Federalista

D. Liberal

57. ¿Qué abarca el poder legislativo del gobierno?

A. El Presidente y el Gabinete

B. El Senado y la Cámara de Representantes

C. La Suprema Corte

D. Los estados

58. ¿Cuál es la ley suprema de los Estados Unidos?

A. Los Documentos Federalistas

B. La Constitución

C. La Suprema Corte

D. La Declaración de Independencia

59. ¿Dónde vive el Presidente de los EE. UU.?

A. En la Casa Blanca

B. En el Capitolio

C. En Texas

D. En la Ciudad de Nueva York

60. ¿Cuántos senadores elige cada estado?

A. Depende de la población del estado

B. 2

C. 3

D. 50

61. **¿Qué poder del gobierno escribe las leyes?**

    A. Ejecutivo
    B. Legislativo
    C. Judicial
    D. Administrativo

62. **¿Cuántas estrellas hay en la bandera de los EE. UU.?**

    A. 13
    B. 100
    C. 50
    D. 25

63. **¿Cuál Presidente es referido como "El Padre de Nuestra Patria"?**

    A. George W. Bush
    B. Abraham Lincoln
    C. George Washington
    D. Andrew Jackson

64. **¿Qué país atacó Pearl Harbor durante la Segunda Guerra Mundial?**

    A. Alemania
    B. Italia
    C. Japón
    D. Rusia

65. **¿Cuál de los siguientes no es un color en la bandera de los EE. UU.?**

    A. Rojo
    B. Negro
    C. Blanco
    D. Azul

66. ¿Cuál poder del gobierno se reúne en el Capitolio?

A. Ejecutivo

B. Legislativo

C. Suprema Corte

D. Todas las anteriores

67. ¿Cuánto dura el término Presidencial?

A. 2 años

B. 4 años

C. 6 años

68. ¿Cuál es el nombre de la primera mujer Vocero de la Cámara de Representantes?

A. Nancy Pelosi

B. Hillary Clinton

C. Martha Washington

D. Laura Bush

69. ¿Cuántas enmiendas garantizan o abordan los derechos a votar?

A. 2

B. 3

C. 4

D. 5

70. ¿Cuál es el nombre de la corte más alta en los EE. UU.?

A. La Corte de Apelaciones

B. La Suprema Corte

C. El Tribunal Superior

D. El Congreso

71. *¿Qué enmienda le otorgó a las mujeres el derecho a votar?*

    A. La quinta
    B. La vigésima primera
    C. La décima quinta
    D. La décima novena

72. *¿Quién sirve a la cabeza del Poder ejecutivo del gobierno?*

    A. El Presidente
    B. El Vicepresidente
    C. El Vocero de la Cámara
    D. El Presidente de la Suprema Corte

73. *La autoridad del Presidente está limitada por:*

    A. La Constitución
    B. La Primera Dama
    C. El Vicepresidente
    D. El Gabinete

74. *Una de las diferencias entre derecho criminal y el civil es que:*

    A. En derecho civil no hay parte demandante
    B. El gobierno no puede ser uno de los litigantes en un caso de derecho civil
    C. Nadie violó ninguna ley en un caso de derecho civil
    D. Ninguna de las anteriores

75. *¿En qué año comenzó la Segunda Guerra Mundial?*

    A. 1941
    B. 1939
    C. 1918

76. ¿En qué ciudad fue asesinado John F. Kennedy?

A. La Ciudad de Nueva York
B. Washington, D. C.
C. Dallas, Texas
D. Brookline, Massachusetts

77. ¿Cuál de los siguientes estados no asistió a la Convención Constitucional en Mayo de 1787?

A. Georgia
B. Maryland
C. Delaware
D. Rhode Island

78. Nombre uno de los propósitos de las Naciones Unidas.

A. Para que los países discutan y traten de resolver los problemas mundiales
B. Resolver guerras civiles
C. Para gobernar el mundo
D. Para proteger los Estados Unidos

79. ¿Quién firmó la Proclamación de Emancipación?

A. Martin Luther King, Jr.
B. George Washington
C. Abraham Lincoln
D. Thomas Jefferson

80. ¿Cuántos jueces hay en la Suprema Corte?

A. 7
B. 9
C. 11
D. 5

81. ¿Quién actúa como Presidente del Senado?

A. Es votado cada día
B. El Senador con más tiempo de servicio
C. El Vicepresidente de los EE. UU.
D. El Vocero de la Cámara

82. ¿La Constitución de los EE. UU. puede ser cambiada o enmendada?

A. Si
B. No
C. Si, pero solo por la Suprema Corte
D. Si, pero solo por el Presidente

83. ¿Quién selecciona los jueces de la Suprema Corte?

A. El pueblo norteamericano
B. El colegio electoral
C. El Presidente
D. El Congreso

83. ¿En qué mes votan los norteamericanos para elegir Presidente?

A. Enero
B. Mayo
C. Agosto
D. Noviembre

84. ¿En qué mes toma posesión el nuevo Presidente?

A. Enero
B. Mayo
C. Agosto
D. Noviembre

85. *¿Cómo se conocen las primeras 10 enmiendas a la Constitución?*

A. El Preámbulo
B. La Carta de Derechos
C. La Declaración de Independencia
D. Los 10 Mandamientos de los EE. UU.

86. *¿Cuál formato del USCIS es utilizado para hacer la solicitud para convertirse en ciudadano naturalizado?*

A. Tarjeta de Seguro Social
B. Formato N-200 "Solicitud de Naturalización"
C. N-400 "Solicitud de Naturalización"
D. 1040 Formato EZ

87. *¿Qué canción es el himno nacional de los EE. UU.?*

A. "The Star-Spangled Banner"
B. "America the Beautiful"
C. "God Bless America"
D. "This Land Is Your Land"

88. *¿Quién es el Comandante en Jefe del ejército de los EE. UU.?*

A. El Vocero de la Cámara
B. El Vicepresidente
C. El Presidente
D. El Presidente de la Suprema Corte

89 *¿Cuál de los siguientes se considera parte del poder judicial del gobierno de los EE. UU.?*

A. El congreso
B. La Suprema Corte
C. El Gabinete

90. ¿Qué tipo de gobierno tienen los EE. UU.?

A. Una república

B. Una monarquía

C. Una dictadura

D. Una tiranía

91. ¿Cuál es la edad mínima para votar en los EE. UU.?

A. 16

B. 18

C. 21

D. 25

92. ¿Cuál de los siguientes es un deber del Congreso?

A. Hacer leyes

B. Aplicar las leyes

C. Interpretar las leyes

D. Explicar las leyes

93. ¿En qué año se escribió la Constitución?

A. 1800

B. 1776

C. 1787

D. 1754

94. ¿Cuál es el más grande derecho concedido a los ciudadanos de los EE. UU.?

A. El derecho a vivir en los EE. UU.

B. El derecho a votar

C. El derecho a ser felices

D. El derecho a vivir el sueño americano

95. ¿Quiénes fueron nuestros enemigos durante la Segunda Guerra Mundial?

A. Japón, Inglaterra y Francia
B. Alemania, Polonia y Suiza
C. Italia, China y España
D. Alemania, Italia y Japón

96. ¿Cómo se llama al jefe del ejecutivo de una ciudad?

A. Presidente
B. Gobernador
C. Alcalde
D. Director

97. ¿Cuál de las siguientes enmiendas se relaciona con el voto?

A. La Primera Enmienda
B. La Quinta Enmienda
C. La Decimoquinta Enmienda
D. La Décima Enmienda

98. ¿La Libertad de expresión es mencionada en cuál de los siguientes documentos:

A. La Carta de Derechos
B. La Proclamación de Emancipación
C. La Declaración de Independencia
D. El Preámbulo de la Constitución

99. ¿Quién firma para que un proyecto de ley parlamentaria se convierta en ley?

A. El Presidente de la Suprema Corte
B. El Vocero de la Cámara
C. El Presidente
D. El Vicepresidente

100. ¿Cuál de los siguientes es el barco que trajo a los Peregrinos a los EE. UU.?

A. El Magna Carta
B. La Pinta
C. El Mayflower
D. La Santa María

★ DATO AMERICANO: CEMENTERIO NACIONAL DE ARLINGTON ARLINGTON
★

El Cemenerio Nacional de Arlington, Virginia, es un cementerio militar en los Estados Unidos, establecido durante la Guerra Civil Americana en los terrenos de la Casa de Arlington, antiguamente propiedad de la familia de la esposa de Robert E. Lee, Mary Anna (Custis) Lee, una descendiente de Martha Washington. El cementerio está situado directamente cruzando el Río Potomac de Washington, D. C., cerca del Pentágono.

Más de 290,000 personas están enterradas en un área de 624 acres. Los veteranos y las bajas militares de cada una de las guerras que ha peleado la nación están enterrados aquí, desde la Guerra de Independencia hasta las acciones militares en Afganistán e Irak.

Fuente: http://en.wikipedia.org/wiki/Arlington_National_Cemetary

12

★ CASOS DE ESTUDIO ★

UNAS PALABRAS DE LA GENTE

Caso de Estudio: Rebecca

"Obtuve mi ciudadanía por matrimonio; aún así tuve que pasar por el largo proceso de naturalización. No puedes tan solo casarte y obtener la ciudadanía, me casé con una persona de las fuerzas armadas de los EE. UU., esto acortó el proceso en un par de años, pero aún así me tomó siete años.

Tienes que solicitar el estatus de residente permanente, después que lo hayas logrado tienes que esperar el plazo de tiempo apropiado, luego solicitas la ciudadanía, además debes haber vivido en el mismo estado por tres meses antes de ser elegible.

"En ocasiones fue frustrante porque es difícil hablar con una persona que cuando tienes dudas, esta no siempre sabe las respuestas. Esto implicó numerosos viajes a la oficina de inmigración (nunca a menos de 1.5 horas de distancia; en cierto momento el más cercano a mi casa estaba a siete horas de distancia) para que me tomaran las huellas digitales y para asistir a varias citas.

"Además, en dos ocasiones, a pesar de haber seguido la lista de verificación del INS al pie de la letra, se me dijo que había olvidado

poner las fotografías (que NO estaban en la lista de verificación). Por lo tanto, tuve de salir de la oficina y buscar un lugar (en ciudades que no me eran familiares) para tomarme las fotos y luego regresar - todo esto después de haber manejado mucho rato y haber hecho todos los esfuerzos para estar preparada, le señalé a los trabajadores de la oficina del INS que deberían de asegurarse de actualizar sus listas de verificación. No pareció importarles.

"Yo hablo inglés, por lo que no tuve que prepararme para el examen del idioma. Para prepararme para el examen sobre el gobierno, imprimí todos los exámenes de prueba del Internet y puse a mi esposo a hacerme preguntas. También tomé los exámenes en línea. Para la entrevista, no hice mucho para prepararme. Sabía que todo lo que tenía que hacer era responder las preguntas honestamente para salir bien.

"La parte más difícil del proceso de solicitud fue el hecho de que las listas de verificación estuvieran incompletas. También, existe un periodo en el limbo. Así que cuando fui a tramitar mi licencia de manejo en Virginia, no tenía ninguna prueba válida de que mi estancia era legal. El INS no me daría ninguna documentación mientras mi estatus de residente permanente se acababa y la toma del examen de ciudadanía. Eso fue frustrante por decir lo menos.

"Sigo teniendo mi ciudadanía canadiense. Por lo menos, Canadá todavía me reconoce como canadiense... mi estatus de residente permanente se acabó después de que obtuve mi fecha para tomar el examen de ciudadanía. Los EE. UU. no.

"El beneficio más grande que se deriva de ser ciudadano de los EE. UU. es que obtienes el derecho a ¡VOTAR! Recientemente publiqué un libro agradeciendo a los hombres y mujeres del ejército que me consiguieron este privilegio. Fue un esfuerzo totalmente voluntario. Durante mi ceremonia de ciudadanía, el juez nos desafió a realizar algo que hiciera una diferencia en nuestras comunidades. Espero que mi libro esté a la altura de eso. Por favor revísalo en: **www.rebeccapepin.com** "

Caso de Estudio: Bernardo Aguilar-Gonzalez

"Hasta este momento, no soy ciudadano de los EE. UU. No se si alguna vez lo seré. Soy parte de la Diáspora Costarricense que vive aquí. Tengo un hijo que es ciudadano de los EE. UU. En este momento, soy un extranjero residente, recibí mi residencia en Agosto de 2005. Antes de eso, era un H1-B. Había sido un H1-B desde 1999. Antes de eso viví en los EE. UU. desde 1989 a 1991 con estudiante graduado J-1. Tuve un B-1/2 por alrededor de 20 años. Sin cancelaciones. Estoy en una minoría privilegiada de receptores de visa.*

"También recibí una Beca Fulbright para mis estudios de posgrado en Georgia entre 1989-1991, además recibí una beca de capacitación en liderazgo por parte de la U.S. Agency for International Development. Creo que durante el proceso de mi residencia, he sido privilegiado dado que menos solicitantes costarricenses reciben visas comparándolos con otras nacionalidades. Incluso con esto, tuve que pasar por las terribles ineficiencias y altos costos de la legalidad. El proceso para obtener la residencia y incluso para mantener viva mi H1-B estuvo lleno de ineficiencias y frustración.

"Un proceso que se supone debía tomar tres meses tomará 18. El procedimiento te mantiene en un constante estado de duda, preguntándote si serás expulsado del país en cualquier momento. Solo obtienes respuestas rápidas si pagas las cuotas para acelerar el procedimiento ($1,000 o más). E incluso estas respuestas toman más tiempo del estipulado en los avisos que recibes. Tu único acceso a ellas son las sobrecargadas líneas telefónicas donde no puedes hablar con un ser humano. Y todo esto fue con la ayuda de nuestro departamento de recursos humanos en la universidad. Más tarde, durante el proceso de residencia, tuvimos que contratar un abogado de inmigración. Esto nos costó $15,000, además de alrededor de $6,000 que la universidad pagó por mi (cuotas del abogado y de inmigración). Los abogados si tuvieron una acceso más rápido a las respuestas y ayudaron con el procedimiento. A pesar de todo, incluso entonces, resultó obvio que este era un

modelo con poco financiamiento, excesivamente burocrático y obsoleto.

"Dos casos: En una ocasión todos viajamos a Costa Rica para un curso de verano. En ese tiempo, mi esposa había cambiado de H2-B a F-1 para poder obtener su título en políticas ambientales. Ambos trabajamos en la universidad durante ese curso de verano durante diez semanas. Cuando regresamos por el puerto de entrada del aeropuerto de Houston, debido a que uno de los requisitos de su visa había cambiado mientras estuvimos fuera del país, fuimos mantenidos en una habitación secundaria por alrededor de tres horas sin que pudiéramos comprender por qué este cambio nos estaba afectando de manera retroactiva. Mientras estábamos en el cuarto con nuestros pequeños hijos, incluso tuvimos que ser escoltados por un oficial para ir a beber agua en una fuente de agua. También pudimos ver como le gritaban e intimidaban a otros inmigrantes con fuertes comentarios que eran completamente inapropiados para oficiales de inmigración. Eran muy claros en demostrar que eran gorilas asignados para dificultar nuestras vidas. El ambiente esta completo por el hecho de que los baños estaban sucios y había cámaras enfrente de ellos. Era como estar en prisión.

"Lo gracioso es que no sabes si estás en las filas de los criminales, o por qué estás siendo tratado como si lo fueras. El ambiente se puso tan tenso que nuestros hijos comenzaron a llorar. Tenían hambre y estaban asustados. Después del cambio de guardia, tres horas más tarde, un oficial latinoamericano revisó nuestras cosas y nos dijo que no veía ninguna razón para que nos tuvieran retenidos ahí y podíamos irnos. Así que, a final de cuentas, lo único que cuenta es el arbitrio de la persona con la que estés lidiando.

"En otra ocasión, mientras estábamos renovando nuestras visas en el consulado de los Estados Unidos en Costa Rica, nuestros pasaportes nos fueron robados a punta de pistola por el mensajero de la embajada. En ese tiempo tenían un sistema en el cual tenias que recoger tu pasaporte con su compañía de mensajería privada para que hubiera menos gente esperando en el consulado. Como sea, era su mensajero — su sistema que quebró — y en reconocimiento de esto, re-emitieron nuestras visas en nuestros nuevos pasaportes. También nos dieron una carta explicando *la situación. Esto pasó en el 2000. Desde entonces, en diversas ocasiones cuando entramos al país tenemos que dar explicaciones o ir con un subalterno para aclarar el hecho de que el pasaporte de mi esposa fue utilizado para intentar entrar a los EE. UU. por una mujer de Colombia que fue atrapada y deportada. Incluso como residentes legales, repetidamente hemos tenido que esperar largas horas para que esto se aclare. No fue sino hasta este año (2007) que creemos que eso finalmente fue eliminado de su récord. Así que, esperamos que no vuelvan a cazarnos.*

"Hay bastantes más ocasiones que contar de nuestra tortuosa historia, pero en resumen creemos que es un sistema que no funciona, diseñado hoy día para destacar su ejecución con muchos recursos destinados al lado de la 'vigilancia' y muy poco al servicio. Sabemos a ciencia cierta que muchas cosas se siguen moviendo de los almacenes donde se guardan los archivos de papeles en todo el país debido a que esta institución ni siquiera tiene registros completamente computarizados. Sin embargo, nos pudimos preparar a través de la ayuda de un centro de servicio que manejamos por medio de trabajo voluntario en la Universidad de Prescott donde trabajamos. Bien, dar seguimiento mediante llamadas y el papeleo es ridículo. Hemos denunciado algo de lo anterior. Supongo que seguimos en el proceso. Probablemente mi hijo la tenga y probablemente haré la solicitud a su debido tiempo. Nuestra preocupación radica en que al provenir de un país que no tiene ejército y que también tiene servicios sociales más desarrollados, estamos por un lado apoyando la existencia, filosofía y obligaciones de un país que tiene un ejército y estamos perdiendo los beneficios de estar en el sistema socializado costarricense. El principal beneficio es el trabajo. Aún así, las libertades sociales y económicas para el ciudadano común se sienten mucho menos desarrolladas en este país que en Costa Rica. Sentimos que esas cosas son importantes. Para mi en particular, no siento una gran ganancia en términos de libertades en este país comparándolas con las de Costa Rica. Siento que he perdido. Todo es por el trabajo y los niveles de salarios."

Caso de Estudio: Mick

Mick obtuvo su visa en una lotería. "Fui extranjero ilegal durante siete años. Originalmente soy de Irlanda, obtuve mi ciudadanía por naturalización. 'Gané' mi tarjeta de residencia (una visa Donnelly) en 1993 en una lotería en la cual los solicitantes solo tenían permitido enviar una solicitud. Luego pase por todo el  proceso para obtener la ciudadanía de los EE. UU. Hasta este momento, he pasado siete años mirando sobre mi hombro, temiendo la posibilidad de que incluso el ser detenido por una infracción normal de tráfico pudiera meterme en problemas.

"Me preparé para el examen de gobierno memorizando las respuestas. También tenía un amigo que me puso a prueba varias veces antes del examen. No recuerdo haberme preparado para la entrevista final, la cual resultó ser una conversación muy placentera con el oficial del INS. Antes de la entrevista, las preguntas que seleccionaron que respondiera me parecieron las más fáciles de entre todas las posibles opciones. Al aprobar, le pregunté al entrevistador del INS si mi percepción era correcta. Repentinamente, se echó hacia atrás en su silla y tomó otro cuestionario de una carpeta diferente de detrás de su escritorio, y dijo, "Mira estas, también podemos darle este a la gente". Este cuestionario en particular tenía las preguntas más difíciles. Sonreí y le regresé el cuestionario. La entrevista para obtener la tarjeta de residencia en primer lugar fue la parte más difícil. Tuve que viajar a Irlanda para hacerla y tuve que decir la verdad en la entrevista... que había sido un extranjero ilegal durante siete años, que había entrado y salido del país en muchas ocasiones durante ese tiempo debido a las obvias lagunas que había en proceso de INS en esa época, y que tenía un negocio que atendía gente de alto perfil y famosa en el que también daba empleo a ciudadanos de los EE. UU., ninguno de los cuales sabía mi estatus como extranjero.

"Poder entrar y salir libremente de los EE. UU. es grandioso. También, 'utilice' el hecho de que soy ciudadano de los EE. UU. en una ocasión en que mi esposa y yo nos vimos atrapados en un engaño de la policía por una multa por exceso de velocidad en Europa del este. Al principio el oficial creyó que era irlandés y que mi esposa era española; sin embargo, tan pronto como saque mi pasaporte estadounidense, su tono cambió dramáticamente y súbitamente creó una manera sencilla para que libráramos de una situación que tan solo unos segundos antes parecía imposible.

"El día de la ceremonia de juramento en el tribunal de White Plains, Nueva York, me asombró la enorme cantidad de gente que estaba ahí con su familia y amigos. Sin embargo, el evento tardó mucho más de lo que había anticipado. Resulta que había organizado una importante reunión de negocios en Manhattan esa misma mañana. ¡Todo lo que puedo recordar después de la ceremonia es hacer fila para estrechar las manos del juez para obtener mi certificado de naturalización y saltar en mi Porsche para llegar a la ciudad! ¡Qué gran país!"

Caso de Estudio: Ana Cecilia Bukowski

Ana Cecilia Bukowski adquirió su ciudadanía por matrimonio en 2003. Dice que el proceso de naturalización fue muy sencillo. Se preparó para el examen de ciudadanía estudiando por su cuenta con un libro. Realmente no tuvo que prepararse para el idioma inglés o para el segmento de la entrevista del examen porque ya era bilingüe.

Ana descubrió que esperar en la Ceremonia de Juramento para hacer el juramento resultó la parte más difícil del proceso de solicitud. Tiene la doble ciudadanía en Costa Rica. Ha descubierto que el beneficio más grande de volverse ciudadana de los EE. UU.

ha sido la posibilidad de votar en las elecciones de los EE. UU. y expresar sus opiniones. También se siente feliz de poder elegir funcionarios del gobierno.

"En mi país natal (Costa Rica), también disfrutaba de las mismas libertadas que ahora disfruto en los Estados Unidos. Sin embargo, ser capaz de expresar mi opinión política en los Estados Unidos es importante para mi. Mientras fui residente legal siempre me contuve de hacerlo por respeto a mi nuevo hogar en los EE. UU. y por sus ciudadanos."

Caso de Estudio: Sandra Patricia Molina

Sandra adquirió su ciudadanía por medio de matrimonio. Ahora tiene la ciudadanía doble con los EE. UU. y Colombia. No se le pidió que renunciara a ninguno de sus derechos y/o privilegios en Colombia cuando recibió su doble ciudadanía. Se preparó para el examen de ciudadanía estudiando las 100 preguntas de examen de ejemplo.

Su esposo e hija le ayudaron con las secciones del idioma inglés y la entrevista. Descubrió que la parte más difícil del proceso de solicitud era esperar para hacer el juramento. Sandra comenta que el beneficio más grande que ha obtenido desde que se convirtió ciudadana de los EE. UU. ha sido poder votar y libertad de expresión.

UNAS PALABRAS DE LOS ABOGADOS

Caso de Estudio: Evelyne M. Hart

Distinción Entre Residencia y Presencia Física.

Residencia y Presencia Física son dos conceptos diferentes. Residencia denota la concesión de la residencia permanente legal y el derecho de vivir en los Estados Unidos. Está evidenciada por la Tarjeta de Extranjero Residente, antiguamente llamada tarjeta de residencia (green card). La presencia física significa cuánto tiempo ha pasado en los Estados Unidos cuando se le compara con las ausencias fuera de los Estados Unidos. Un solicitante de naturalización puede estar ausente de los Estados Unidos 30 meses menos 1 día y seguir calificando para hacer la solicitud.

Sin embargo, si un extranjero residente se ausenta de los Estados Unidos por más de 6 meses y menos de un año, está infringiendo su residencia y pueden solicitársele que de amplias explicaciones de que no ha abandonado su residencia. Si un extranjero residente se ausenta de los Estados Unidos más de un año, generalmente el DHS tratará a esa persona como si hubiera abandonado su residencia. Se le puede otorgar la categoría SB1 si puede demostrar que su ausencia de los Estados Unidos se debió a razones más a allá de su control o si el DHS no ve ningún beneficio en vetarle la entrada al extranjero residente. Un permiso de re-entrada protegerá al extranjero residente de tales problemas.

N-400. Parte 7. Tiempo Fuera de los Estados Unidos.

La hoja de trabajo de elegibilidad (M-480, parte 4 y 5) le informa al solicitante que es elegible para solicitar la naturalización si no ha estado fuera de los Estados Unidos por la mitad del tiempo que precede los 3 ó 5 años anteriores a la solicitud. Sin embargo, esta es una trampa para los desprevenidos. Con la excepción de cuatro exclusiones, el solicitante debe estar consciente de que los viajes afuera de los Estados Unidos que duren un año o más son una obstrucción absoluta para la naturalización. Si el solicitante ha estado ausento de los Estados Unidos por seis meses pero menos de un año, debe de explicar que no abandonó su residencia y proporcionar pruebas que apoyen su explicación. En ambos casos, el solicitante puede optar por borrar la pizarra y no dar explicaciones esperando 4 años y un día a partir del momento en que regresó a los Estados Unidos para volver a solicitar la naturalización.

El Permiso de Re-entrada.

El permiso de entrada protege al residente extranjero de perder su residencia. Sin embargo, contrario a la creencia popular, el permiso de re-entrada no preserva el requisito de presencia física con propósitos de naturalización si el solicitante ha estado fuera de los Estados Unidos por más de 6 meses. Aún así el solicitante tendría que esperar 4 años y un día o los 2 años y un día antes de solicitar la ciudadanía.

[1] Un solicitante es elegible para presentar una solicitud de naturalización después de 3 años de haber obtenido la residencia si ajustó su estatus por medio de su cónyuge ciudadano de los EE. UU. y si sigue casado con el mismo cónyuge.

[2] Exclusiones: Servicio militar en el extranjero; ciertos empleados residentes permanentes legales que trabajen en el extranjero o estén casados con ciudadanos de los EE. UU. que trabajen en el extranjero; el cónyuge, hijo o padre de un ciudadano de los EE. UU. que haya muerto en combate; o el cónyuge de la persona a la que se le haya otorgado la ciudadanía norteamericana de manera póstuma.

[3] En caso de que esté involucrado el periodo estatutario de 3 años, el solicitante solo debe esperar 2 años y un día a partir del momento de su regreso para solicitar la naturalización otra vez.

LAW OFFICES OF EVELYNE M. HART

1440 N. Harbor Boulevard, Suite 800

Fullerton, CA 92835

Llamada Gratuita: (866) HART-USA (427-8872)

Teléfono 714-449-8409 • Fax: 714-441-2746

Web: www.hartimmigration.com

Correo electrónico: ehart@hartimmigration.com

Caso de Estudio: Kalish Law Office

Creo que realmente existen tres áreas a considerar cuando uno se prepara para tomar el examen de naturalización. Puede resultar fácil sentirse intimidado o sobrecogido por la idea de tomar este examen, especialmente si no ha tomado un examen en mucho tiempo. Le comento a mis clientes que lo hagan paso a paso, a continuación le presento las que creo que son las cosas más importantes que debe recordar:

1. *Asegúrese que su presentación de inmigración está preparada apropiadamente. Desde un inicio, asegúrese de ser honesto y de completar su solicitud y papeleo. Consiga todo lo que sea necesario para completar y presentar su solicitud. Asegúrese de que el servicio de inmigración tenga su dirección correcta todo el tiempo. Estos pasos al inicio evitarán que sienta ansiedad más tarde.*

   Si tiene una discapacidad, puede tener derecho a un acomodo especial en el examen. Si es así, acepte la ayuda. No sea orgulloso ni trate de "hacerse el duro".

Si su idioma materno es diferente al inglés y tiene derecho a la exclusión de tomar el examen en su idioma nativo, no tenga miedo de hacerlo. Asegúrese de pensar sobre estas cosas anticipadamente y presentar su solicitud a tiempo.

2. *Sea consciente de cómo estudiar mejor y de tomarse el tiempo para hacerlo. Si aprende mejor al leer y escribir las cosas por si mismo, hágalo. Si aprende mejor haciendo que alguien le haga preguntas en voz alta, hágalo. Muchas comunidades tienen clases o talleres en bibliotecas y en los centros comunitarios de preparación para el examen. Si usted es del tipo de persona que aprende mejor en un grupo, encuentre uno. Utilice una buena guía de estudio que le ayude a prepararse. Asimismo, consiga los materiales de estudio que se proporcionan gratuitamente en línea en www.uscis.gov. Asegúrese de descargar y utilizar los que le servirán.*

3. *Prepárese física y emocionalmente. Descanse y aliméntese de manera apropiada por lo menos unos días antes del examen. Procure evitar los "atracones de comida" o quedarse despierto toda la noche. Establezca su ritmo para estudiar. Prepárese mentalmente para lograr un gran resultado. Vista ropa que sea cómoda, pero que le haga sentirse bien. ¡Debe de ir al examen descansado, cómodo y confiado!*

Laura Kalish es una abogada de inmigración y socia del Despacho de Abogados Kalish en *The Woodlands*, Texas. Puede contactarla en kalishlawlaura@aol.com. El sitio Web del despacho puede encontrarse en **www.kalishlawtexas.com**.

Kalish Law Office
25907 Oak Ridge Dr.
The Woodlands, Texas 77380
281-363-3700
www.kalishlawtexas.com

Caso de Estudio: Sonia M. Muñoz

Beneficios de la Ciudadanía de los EE. UU.

El sistema de Inmigración de los EE. UU. está lleno de tecnicismos legales que pueden representar un gran riesgo o fantásticas oportunidades para aquellos que comprenden la ley. Desafortunadamente, muchas asumen que porque los formatos son sencillos, el proceso es igualmente sencillo. Por ejemplo, ¿sabía que a pesar de que usted aún no sea ciudadano de los EE. UU. su cónyuge, padres o hijos menores pueden obtener su estatus legal basándose en su proceso pendiente?

En aquellas situaciones en que un individuo ha sido residente permanente legal (tiene una tarjeta de residencia) y está pronto para calificar para iniciar el proceso de solicitud de la naturalización o tiene pendiente una solicitud de naturalización, existe un atenuante de inmigración para sus parientes cercanos. En estas situaciones, los padres, cónyuge e hijos menores solteros del solicitante de naturalización pueden buscar protección legal a través de la Acción Diferida de los Servicios de Ciudadanía de los EE. UU. e Inmigración (USCIS).

La Acción Diferida es una atenuante discrecional otorgada por el Director de Distrito del USCIS la cual concede al solicitante un estatus de inmigración legal en los EE. UU. junto con la elegibilidad para obtener una tarjeta de autorización de empleo, comúnmente conocida como permiso de trabajo. La Acción Diferida otorga el estatus de inmigración legal al cónyuge, padres o hijos menores solteros de un solicitante de naturalización durante su espera para que el solicitante se convierta ciudadano naturalizado de los EE. UU. También les concede permiso para trabajar legalmente en este país al hacerlos elegibles para solicitar un permiso de trabajo.

Además de la existencia del atenuante de Acción Diferida, existen otros beneficios relacionados con e proceso de naturalización de los EE. UU. Muchos de los beneficios de la ciudadanía de los

EE. UU. se relacionan con los beneficios financieros que están a la disposición de los ciudadanos. Una vez que alguien se convierte ciudadano naturalizado de los EE. UU., él o ella pueden calificar para recibir los siguientes beneficios financieros:

1. Beneficios completos del Seguro Social después del retiro ya sea que viva en los Estados Unidos o en el extranjero (los portadores de Tarjeta de Residencia solo son elegibles para recibir un porcentaje de los beneficios del Seguro Social obtenidos y deben residir en los EE. UU. para recibirlos).

2. Ayuda gubernamental completa tal como beneficios suplementarios del Seguro Social, cupones de comida y varias concesiones y beneficios financieros para los estudiantes universitarios.

3. Más opciones de créditos comerciales e hipotecarios y tasas de interés más bajas.

Además de las gratificaciones financieras, un ciudadano naturalizado de los EE. UU. puede votar a nivel federal, estatal y local y por lo tanto hacer una diferencia positiva en el gobierno. En términos de viajes, un ciudadano de los EE. UU. puede entrar y salir de los Estados Unidos sin límite y nunca tendrá que preocuparse por ser sujeto a deportación incluso si es arrestado por haber cometido un crimen. Por último, y de manera más importante, para muchas personas, los ciudadanos de los EE. UU. pueden hacer la solicitud para sus padres, hermanos, hijos y cónyuges del extranjero y en muchos casos incluso pueden otorgar la ciudadanía estadounidense derivada a sus hijos menores solteros. Si no está muy seguro sobre cómo sacar ventaja de las oportunidades que pudieran estar presentes, debería discutir su situación específica con un abogado en inmigración.

Sonia M. Muñoz es la Abogada Administradora de *International Legal Counsel, LLC*, un despacho de abogados localizado en el sur de Florida que representa de manera exclusiva profesionales e inversionistas extranjeros a través de todos los aspectos legales de la transición a los Estados Unidos incluyendo consejo legal sobre Inmigración, Negocios,

Bienes Raíces e Impuestos internacionales. Visite el sitio del despacho para leer los artículos publicados por la Sra. Muñoz con respecto a las visas disponibles para inversionistas de nacionalidad extranjera en **www.ilclawfirm.com**.

Sonia Muñoz es una abogada políglota admitida en el Tribunal de Florida con experiencia en litigación y asesoría legal, investigación y escritos tanto para el sector privado como para el sistema judicial.

La pasión, dedicación y talento de la Sra. Muñoz la han llevado a convertirse en un activo modelo a seguir y líder en la comunidad legal. Se graduó con un Doctorado en Jurisprudencia con una especialización en Derecho Comercial Internacional de la Facultad Levin de Derecho de la Universidad de Florida. La Sra. Muñoz también estudió Derecho de Negocios Europeos en la *Faculte du Droit* en Montpellier, Francia y en la *Universiteit du Leiden*, en Leiden, Países Bajos. Antes de eso, se graduó con grandes honores de la Universidad de Miami con una doble licenciatura en Psicología y Ciencias Políticas.

Además de trabajar como Analista Política con Autorización Altamente Confidencial de la CIA, la Sra. Muñoz ha viajado intensivamente, habiendo residido y trabajado en la Unión Europea y para la Corte Internacional de la Haya en los Países Bajos. Escribió como coautora un libro sobre Derecho internacional y su aplicación y efectos sobre las audiencias de las cortes domésticas, ha dirigido y participado en conferencias con Senadores y Representantes Estatales, además entrevistó al antiguo Presidente Bill Clinton en un programa televisado a nivel mundial donde ella representó a los estudiantes universitarios norteamericanos.

La Sra. Muñoz es miembro de varias cortes incluyendo las Cortes de Apelaciones del Estado y Distritos Federales. Sus antecedentes como Secretaria del Tribunal del Honorable

Juez Stevenson Presidente del 4to Tribunal de Distrito de Apelaciones le da una comprensión especial del punto de vista y consideraciones que los jueces dan a los casos. Como secretaria del Tribunal de Apelaciones, la Sra. Muñoz esbozó breviarios judiciales de apelación y opiniones judiciales para los casos que involucraban derecho criminal, civil y de negocios. Debido a esto, a sus abundantes viajes y conciencia cultural, y su extraordinario compromiso con la ética, la Sra. Muñoz es una defensora feroz y elocuente de los derechos de los inmigrantes. Ha sido publicada en periódicos a los largo y ancho de los EE. UU. y ha sido entrevistada en la radio y televisión local como una experta en inmigración.

Sonia M. Muñoz
International Legal Counsel, LLC
110 East Broward Blvd., Suite 1700
Fort Lauderdale, FL 33301
Teléfono: 954-376-3767 • Fax:
954-246-3014
www.ilclawfirm.com

Caso de Estudio: Jennifer Lim

Los solicitantes de la ciudadanía de los EE. UU. deben estar conscientes de que tienen a su disposición algunos recursos judiciales en caso de que hubiera alguna acción por parte de un funcionario de la agencia gubernamental de los EE. UU. que pudiera ser considerada como un abuso de la autoridad que le concedió el gobierno. Recientemente representé a un cliente en una corte federal, que originalmente había recibido su residencia permanente en los años ochentas y fue forzado a firmar un formato renunciando a su residencia permanente por un funcionario consular de los EE. UU. mientras estuvo en el extranjero a principios de los años noventas. En ese tiempo, este cliente solo era un estudiantes de 19 años de edad que iba al extranjero para asistir a una escuela de gastronomía por un par de años. Debido a la ignorancia del funcionario consular sobre las regulaciones que aplicaban, este cliente fue forzado a renunciar a su residencia permanente y se le otorgó una visa de turista para entrar a los Estados Unidos.

Más tarde, este cliente permaneció en los EE. UU. después de haber re-entrado a los EE. UU., debido a sus grandes lazos familiares y a que había crecido en este país. Después, incluso el gobierno le envió una tarjeta de residente permanente de "reemplazo". Sin embargo, cuando solicitó la ciudadanía por medio de la naturalización, el gobierno le negó su solicitud y declaró que él no era residente permanente y que por lo tanto no era elegible para la naturalización, basándose en la forma en que había sido forzado a firmar cerca de 10 años antes. Más tarde, me consultó y presentamos una demanda ante una corte federal para una nueva revisión de su solicitud de ciudadanía por parte del juez del tribunal de distrito. En ese caso, el gobierno admitió su error después de que la demanda se presentó y el cliente puedo tomar su juramento de ciudadanía.

Jennifer Lim • Law Office of Jennifer Lim
123 S. Figueroa Street, Suite 220 • Los Angeles, CA 90012
Teléfono: 213-680-9332 • Fax: 213-680-9337
www.jenniferlim.com

★ DATO AMERICANO: *GEORGE WASHINGTON* ★

George Washington sirvió como el primer Presidente de los Estados Unidos (1789–1797), y dirigió el Ejército Continental hacia la victoria sobre Gran Bretaña en la Guerra de Independencia. La devoción de Washington por las virtudes cívicas lo hicieron una figura ejemplar entre los primeros políticos norteamericanos. Washington murió en 1799, en su responso fúnebre, Henry Lee dijo que de entre todos los estadounidenses, el fue el "primero en ir a la guerra, el primero en tiempos de paz y el primero en los corazones de sus compatriotas". Washington ha sido considerado de manera consistente por los estudiantes como uno de los más grandes Presidentes de los EE. UU. Pueden encontrarse estatuas de George Washington a lo largo y ancho de los Estados Unidos, tales como la localizada en, Virginia, aquí mostrada.

Fuente: http://en.wikipedia.org/wiki/George_washinton

APÉNDICE
A
PAÍSES QUE APRUEBAN LA
★ DOBLE CIUDADANÍA ★

La siguiente es una lista parcial de los países que actualmente permiten la doble ciudadanía:

- Albania
- Antigua y Barbuda
- Argentina
- Australia
- Barbados
- Belice
- Benin
- Brasil
- Burkina Faso
- Camboya
- Canada
- China, República Popular de
- Chile
- Colombia
- Costa Rica
- Croacia
- República Checa
- República Dominicana
- Dominica
- Ecuador
- El Salvador
- Estonia
- Francia
- Ghana

- Grecia
- Guatemala
- Islandia
- Irlanda
- Italia
- Lesoto
- Malta
- Namibia
- Nueva Zelanda
- Finlandia
- Panamá
- Polonia
- Rusia
- Sta. Lucía
- Eslovenia
- Sri Lanka
- Turquía
- Uruguay

- Granada
- Hungría
- Irán
- Israel
- Letonia
- Liechtenstein
- Marruecos
- Holanda
- Nigeria
- Pakistán
- Perú
- Portugal
- San Cristóbal y Nieves
- República Eslovaca
- Sudáfrica
- Suecia
- Uganda

★ CENTROS DE SERVICIO USCIS ★

Centro de Servicio de California

U.S. Department of Homeland Security
U.S. Citizenship and Immigration Services
California Service Center
P.O. Box 30111
Laguna Niguel, CA 92607-0111

Centro de Servicio de Texas

USCIS Texas Service Center
P.O. Box 851488
Mesquite, TX 75185-1488

Centro de Servicio de Vermont

U.S. Department of Homeland Security
U.S. Citizenship and Immigration Services
Vermont Service Center
75 Lower Welden St.
Saint Albans, VT 05479

Centro de Servicio de Nebraska

U.S. Department of Homeland Security
U.S. Citizenship and Immigration Services
Nebraska Service Center
850 S. Street
Lincoln, NE   68508

APÉNDICE
C
★ ACTAS DE INMIGRACIÓN ★

ACTAS DE INMIGRACIÓN

Han existido diversas actas de inmigración en los Estados Unidos. Algunas de las más significativas se listan a continuación:

- El Acta de Naturalización de 1790 estableció las reglas para la ciudadanía naturalizada.

- El Acta de Cuotas de Emergencia de 1921 estableció las cuotas nacionales de inmigración basadas en el número de residentes nacidos en el extranjero de cada nacionalidad que estaban viviendo en los Estados Unidos de acuerdo con el censo de 1910.

- El Acta de Inmigración de 1924 tenía la finalidad de congelar la distribución étnica actual en respuesta a la elevada inmigración desde Europa del sur y del este, así como de Asia.

- El Acta de inmigración y Nacionalidad de 1952 (o Acta McCarran-Walter) liberó de algún modo la inmigración de Asia; pero, incrementó el poder del gobierno para deportar a los inmigrantes ilegales sospechos de simpatizar con el comunismo.

- El Acta de Inmigración y Nacionalidad de 1965 descontinuó las cuotas basadas en la nacionalidad de origen, aunque le otorgaba preferencias a aquellos que tenían parientes en los EE. UU. Por primera vez, la inmigración mexicana fue restringida.

APÉNDICE
D
NUEVA INFORMACIÓN
★ LEGISLACIÓN PROPUESTA ★

LA LEY DE CIUDADANÍA DE NIÑOS

El Acta de Ciudadanía de Niños del 2000 entró en efecto el 27 de Febrero de 2001.

La ley tiene los siguientes efectos:

- Un niño adoptado en el extranjero se vuelve ciudadano de los EE. UU. en el momento inmediato en que entre a los Estados Unidos como residente permanente legal.

- Un niño nacido en el extranjero de padres que son ciudadanos de los EE. UU., uno o ambos, pero que no es reconocido como ciudadano de los EE. UU. por diversas razones, también puede beneficiarse de la nueva ley; es decir, ese niño se convierte en ciudadano de los EE. UU. en el momento inmediato en que entre a los Estados Unidos como residente permanente legal.

- Sujeto a su jurisdicción (esencialmente significa que cualquier otro que sea hijo de un representante de un gobierno extranjero con inmunidad diplomática).

- Los indios y otras personas autóctonas nacidas en los EE. UU.

- Cualquiera que haya nacido fuera de los EE. UU., si por lo menos uno de sus padres es ciudadano de los EE. UU. y además se cumplieron ciertos requisitos de residencia o presencia física por parte del padre o padre antes del nacimiento del niño.

- Cualquiera que sea encontrado en los Estados Unidos y sea menor de los cinco años de edad, cuyos padres no puedan ser identificados, y que no se haya probado antes de su cumpleaños 21 que haya nacido fuera de los EE. UU.

APÉNDICE
E

★ PROGRAMA DE CUOTAS DEL USCIS ★

El siguiente es el Programa de Cuotas del USCIS, vigentes a partir del 30 de Julio de 2007. También puede encontrar el programa completo en línea en **http://www.uscis.gov/files/nativedocuments/ FinalUSCISFeeSchedule052907.pdf.**

FORMATO #	PROPÓSITO	CUOTA
I 90	Renovación o reemplazo de su tarjeta de residente permanente (*green card* en inglés)	
	Si va a presentar la renovación de tu tarjeta dentro de los 30 días de haber cumplido 14	Sin Cuota
	Todas las demás donde se requiere una cuota: presentación + biométrico=	$370
I 102	Reemplazo o recepción de un Registro de Arribo-Partido de No inmigrante I-94	$320
I 129	Solicitud para un trabajador no inmigrante	$320
	Nota: Las solicitudes para trabajadores H-1B, H2B y L-1 también deben incluir las cuotas suplementarias y las cuotas de prevención de fraudes descritos en el formato. Esas cuotas no han cambiado.	
I 129F	Solicitud para Prometido (a)	
	Solicitud General para Prometido (a)	$455
	Para el estatus K-3 basado en una solicitud de inmigrante presentada por el mismo esposo (a) ciudadano de los EE. UU.	Sin Cuota
I 130	Solicitud para Pariente	$355

FORMATO #	PROPÓSITO	CUOTA
I 131	Permiso de entrada, documento de viaje para refugiado, o admisión condicionada anticipada	
	Permiso de entrada o documento de viaje para refugiado	$305
	Admisión condicionada anticipada	$305
I 140	Solicitud para un trabajador inmigrante	$475
I 191	Permiso para regresar a un domicilio irrenunciable	$545
I 192	Permiso anticipado para entrar como no inmigrante	$545
I 193	Dispensa del requisito de un pasaporte y/o visa para entrar a los EE. UU.	$545
I 212	Permiso para volver a solicitar la entrada a los EE. UU. después de una deportación o expulsión	$545
I 290B	Apelación: Moción para reabrir o reconsiderar	$585
I 360	Solicitud para un americano de origen asiático, viudo (a) de un ciudadano de los EE. UU. o Inmigrante Especial	
	Para un americano de origen asiático	Sin Cuota
	Auto-solicitud de un cónyuge, padre o hijo maltratado o abusado de un ciudadano de los EE. UU. o residente permanente	Sin Cuota
	Inmigrante Juvenil Especial	Sin Cuota
	Todos los demás	$375
I 485	Ajustar estatus y volverse residente permanente mientras radica en los EE. UU.	
	Solicitar basándose en que usted fue admitido a los EE. UU. como refugiado	Sin Cuota
	Todas las demás opciones de elegibilidad:	
	Si es menor de 14 y: -presenta la solicitud I-485 de un padre por lo menos	
	-no presenta la solicitud I-485 de un padre por lo menos	$600
	Si tiene 79 o más	$930
	Todas las demás: presentación + biométrica=	$930
	Nota: La cuota de penalización, donde aplique, se suma a las cuotas anteriores y no ha cambiado.	$1,010
I 526	Solicitud de inversionista	$1,435

FORMATO #	PROPÓSITO	CUOTA
I 539	Extender la estadía como no inmigrante o cambiar el estatus de no inmigrante	$300
I 589	Asilo	Sin Cuota
I 600A	Procesamiento anticipado de la solicitud de un huérfano

Nota: Si ya aprobó un I-600A que está a punto de vencer, y aún no ha presentado su solicitud I-600, puede recibir una extensión gratuita de su I-600A presentando un nuevo I-600A sin cuota antes de que el primero venza. | $ 7 5 0 (presentación + biométrico) para usted + $80 de cuota biométrica para cada persona de 18 años o mayor que viva con usted |
| I 600 | Solicitud de Huérfano

Si se baso en un I-600A aprobado

De lo contrario | Sin Cuota

$750 (presentación + biométrico) para usted + $80 de cuota biométrica para cada persona de 18 años o mayor que viva con usted |
I 601	Renunciar a las motivos de exclusión	$545
I 612	Renuncia del requisito de residencia en el extranjero	$545
I 730	Solicitud para un pariente refugiado/asilado	Sin Cuota
I 751	Eliminar las condiciones en su estatus de residente permanente	$545 (presentación + biométrico) para usted + $80 de cuota biométrica por cada dependiente que incluya en su solicitud
I 765	Autorización de Empleo / Documento de Autorización de Empleo (EAD, por sus siglas en inglés)	$340

FORMATO #	PROPÓSITO	CUOTA
I 821	Programa de Estatus Protegido Temporal (TPS) Solicitante por primera vez Si es menor de 14 y no esta solicitando un EAD De lo contrario: presentación + biométrico = Renovación o re-registro: biométrico=	$50 $130 $80
I 824	Acción de seguimiento de una solicitud aprobada	$340
I 829	Eliminar condiciones en un estatus de residente permanente (inversionista)	$ 2 , 9 3 0 (presentación + biométrico) para usted + $80 de cuota biométrica por cada dependiente que incluya en su solicitud
I 881	NACARA — suspensión de deportación o regla especial Presentado en el USCIS - Una cuota de presentación base de $285 por persona, con un tope de cuota familiar base de $570 para las solicitudes presentadas en conjunto por un esposo, esposa e hijos solteros. Cada solicitante también debe de pagar $80 pra la exploración biométrica. Presentado con la Corte de Inmigración	$165
I 905	Autorización para que una organización emita una certificación para trabajadores de la salud	$230
I 907	Cuota premium de procesamiento	$1,000
I 914	Para estatus de inmigrantes "T"	Sin Cuota
CIUDADANÍA DE LOS EE. UU.		
N 300	Para presentar una Declaración de Intención de solicitar la Ciudadanía de los EE. UU.	$235
N 336	Solicitud de una audiencia de la decisión de una solicitud de naturalización	$605
N 400	Naturalización (convertirse ciudadano de los EE. UU.) Por medio del servicio en las fuerzas armadas de los EE. UU. Todas las demás: presentación + biométrico =	Sin Cuota $675
N 470	Preservar la residencia con propósitos de lograr la naturalización	$305

FORMATO #	PROPÓSITO	CUOTA
N 565	Reemplazo del certificado de naturalización / ciudadanía	$380
N 600	Reconocimiento de la ciudadanía de los EE. UU.	
N 600K	Para un hijo biológico para un hijo adoptado	$460 $420
N 644	Ciudadanía póstuma	Sin Cuota
PROGRAMAS BAJO LA LEGALIZACIÓN 1986 Y PROGRAMAS PARA EL TRABAJADOR AGRICULTOR ESPECIAL (SAW, POR SUS SIGLAS EN INGLÉS)		
I 687	Volverse residente temporal: presentación + biométrico=	$790
I 690	Renuncia de los motivos de exclusión	$185
I 694	Apelación	$545
I 695	Reemplazo de la tarjeta de residente temporal o del Documento de Autorización de Empleo: presentación + biométrico=	$210
I 698	Solicitud de los residentes temporales para el estatus de residente permanente Presentado dentro de los 31 meses después de que se otorgó la residencia temporal: Presentación + biométrico= Presentado después: presentación + biométrico=	 $1,450 $1,490
I 817	Estatus bajo el Programa de Unidad Familiar Si es menor de 14 Todos los demás: presentación + biométrico=	 $440 $520

Por favor asegúrese de incluir la cuota correcta. Los casos con la cuota incorrecta serán rechazados. Su pago debe realizarse en dólares estadounidenses. Los cheques y órdenes de dinero deben ser de instituciones de los EE. UU. No envíe dinero por correo. Los cheques son aceptados salvo buen cobro. Haga su cheque a nombre del "Department of Homeland Security" excepto si:

- Va a presentar un I-881 en la Corte de Inmigración, haga su pago a nombre del "Department of Justice."

- Si vive en Guam, haga su pago a nombre de "Treasurer, Guam."

- Si vive en las Islas Vírgenes de los EE. UU., haga su pago a nombre del "Commissioner of Finance of the Virgin Islands."

Por favor escriba el nombre completo. No utilice iniciales, tales como DHS. Las cuotas de presentación y del biométrico no pueden ser reembolsadas. Podemos utilizar la conversión electrónica de cheques para el procesamiento del pago. Nuestra cuota por cheque devuelto es de $30.

Dispensa de cuotas — El USCIS ya tiene dispensa de cuotas para ciertos tipos de casos y circunstancias. En otras instancias un solicitante que crea que no es financieramente capaz de pagar una cuota aún cuando los demás deben pagar esa cuota pueden solicitar una dispensa de cuota. Las solicitudes de dispensa solo pueden tomarse en cuenta para los siguientes formatos: I-90, I-751, I-765, I-817, N-300, N-400, N-470, N-565, N-600, N-600K y el I-485 si el ajuste de estatus se basa en el estatus de asilo, en estatus de no inmigrante "T" o "U", en una auto-solicitud aprobada de un cónyuge, padre o hijo maltratado o que haya sufrido abuso de un ciudadano de los EE. UU. o residente permanente, o a quien no apliquen las provisiones de los cargos públicos; y las apelaciones y mociones I-290B y N-336 para los formatos anteriores. Para mayor información sobre cómo solicitar y cómo probar la elegibilidad para una dispensa, vea nuestro sitio Web o llámenos al 1-800-375-5283.

Copias de documentos — Si va a solicitar la renovación o reemplazo de una tarjeta o documento del USCIS, y las instrucciones dicen que incluya su tarjeta actual cuando haga la solicitud, en ese caso usted debe enviar su tarjeta o documento. Para todas las demás solicitudes, puede enviar fotocopias legibles de documentos tales como su certificado de naturalización, acta de nacimiento, acta de matrimonio, acta de divorcio o tarjeta de residente permanente. Cualquier copia debe ser una copia completa por delante y detrás. Cuando procesemos su caso podremos pedirle que presente el original con propósitos de verificación.

Ajuste en las solicitudes y beneficios secundarios — La nueva cuota de solicitud para un I-485 es una cuota por paquete que incluye los EAD asociados y solicitudes para admisión condicionada anticipada. Por ello, si usted presenta un I-485 con la cuota listada anteriormente, mientras usted siga necesitando presentar solicitudes para un EAD y admisión condicionada anticipada, no deberá pagar una cuota por separado mientras su solicitud de ajuste esté pendiente. Sin embargo, si usted presentó su I-485 antes de este cambio de cuota, para solicitar o renovar su EAD o admisión condicionada anticipada, deberá presentar una nueva solicitud con la nueva cuota para esas solicitudes.

APÉNDICE
F
★ PRESIDENTES ★

1. George Washington, 1789-1797

2. John Adams, 1797-1801

3. Thomas Jefferson, 1801-1809

4. James Madison, 1809-1817

5. James Monroe, 1817-1825

6. John Quincy Adams, 1825-1829

7. Andrew Jackson, 1829-1837

8. Martin Van Buren, 1837-1841

9. William Henry Harrison, 1841

10. John Tyler, 1841-1845

11. James Knox Polk, 1845-1849

12. Zachary Taylor, 1849-1850

13. Millard Fillmore, 1850-1853

14. Franklin Pierce, 1853-1857

15. James Buchanan, 1857-1861

16. Abraham Lincoln, 1861-1865

17. Andrew Johnson, 1865-1869

18. Ulysses Simpson Grant, 1869-1877

19. Rutherford Birchard Hayes, 1877-1881

20. James Abram Garfield, 1881

21. Chester Alan Arthur, 1881-1885

22. Grover Cleveland, 1885-1889

23. Benjamin Harrison, 1889-1893

24. Grover Cleveland, 1893-1897

25. William McKinley, 1897-1901

26. Theodore Roosevelt, 1901-1909

27. William Howard Taft, 1909-1913

28. Woodrow Wilson, 1913-1921

29. Warren Gamaliel Harding, 1921-1923

30. Calvin Coolidge, 1923-1929

31. Herbert Clark Hoover, 1929-1933

32. Franklin Delano Roosevelt, 1933-1945

33. Harry S. Truman, 1945-1953

34. Dwight David Eisenhower, 1953-1961

35. John Fitzgerald Kennedy, 1961-1963

36. Lyndon Baines Johnson, 1963-1969

37. Richard Milhous Nixon, 1969-1974

38. Gerald Rudolph Ford, 1974-1977

39. James Earl Carter, Jr., 1977-1981

40. Ronald Wilson Reagan, 1981-1989

41. George Herbert Walker Bush, 1989-1993

42. William Jefferson Clinton, 1993-2001

43. George Walker Bush, 2001-2009

44. Barack Hussein Obama 2009-

DATO AMERICANO: EL ÁGUILA CALVA El Águila Calva es
el Ave Nacional de los Estados Unidos de América. Es uno los símbolos
más reconocibles del país y aparece en la mayoría de sus sellos oficiales,
incluyendo el Sello del Presidente de los Estados Unidos. El Congreso
Continental adoptó el diseño actual del Gran Sello de los Estados Unidos
incluyendo un Águila Calva asiendo con sus garras trece flechas y una rama
de olivo con trece hojas el 20 de Junio de 1782. Puede ser encontrada
en ambos sellos nacionales y al reverso de varias monedas (incluyendo la
moneda de un cuarto de dólar hasta 1999).

*Fuente: http://en.wikipedia.org/wiki/National_bird_of_the_United_*
States#National_bird_of_the_United_States

APÉNDICE
G
★ LA CONSTITUCIÓN ★

La Constitución de los EE. UU., escrita en 1787, esboza los principios que forman la base del gobierno de los EE. UU., así como las bases de una democracia representativa. En 1787, se llevó a cabo una convención constitucional en el Salón de la Independencia en Filadelfia, Pensilvania. Se escribió una nueva constitución que fue ratificada por los estados en 1788.

A continuación está la Constitución de los EE. UU. Las Enmiendas pueden encontrarse en el Apéndice H.

PREÁMBULO

Nosotros, el Pueblo de los Estados Unidos, a fin de formar una Unión más perfecta, establecer Justicia, asegurar la tranquilidad interior, proveer para la defensa común, promover el bienestar general y asegurar para nosotros y para nuestra posteridad los beneficios de la Libertad, establecemos y sancionamos esta Constitución para los Estados Unidos de América

ARTÍCULO UNO

Sección 1. Todos los poderes legislativos otorgados en la presente Constitución se investirán en un Congreso de los Estados Unidos, que se compondrá de un Senado y de una Cámara de Representantes

Sección 2. La Cámara de Representantes estará formada por miembros elegidos cada dos años por los ciudadanos de los diversos Estados, y los electores deberán poseer en cada Estado las condiciones requeridas para los electores de acuerdo al sector más numeroso de la Asamblea legislativa local

No será representante ninguna persona que no haya cumplido veinticinco años de edad y que no haya sido ciudadano de los Estados Unidos durante siete años, y que no sea habitante del Estado en el cual se le designe, en el momento de la elección.

Los representantes y los impuestos directos se prorratearán entre los distintos estados que formen parte de esta Unión, de acuerdo con su población respectiva, la cual se determinará sumando al número total de personas libres, inclusive las obligadas a prestar servicios durante cierto término de años y excluyendo a los indios no sujetos al pago de contribuciones, las tres quintas partes de todas las personas restantes. El recuento deberá hacerse dentro de los tres años siguientes a la primera sesión del Congreso de los Estados Unidos, y en lo sucesivo cada 10 años, en la forma que dicho cuerpo *disponga por medio de una ley. El número de representantes no excederá de uno por cada treinta mil habitantes con tal de que cada Estado cuente al menos con un representante; y hasta que se efectúe dicho recuento, el Estado de Nueva Hampshire tendrá derecho a elegir tres; Massachusetts, ocho; Rhode Island y las Plantaciones de Providence, uno; Connecticut, cinco; Nueva York, seis; Nueva Jersey, cuatro; Pennsylvania, ocho; Delaware, uno; Maryland, seis; Virginia, diez; Carolina del Norte, cinco; Carolina del Sur, cinco y Georgia, tres.*

Cuando se produzcan vacantes en la representación de cualquier estado, la autoridad ejecutiva del mismo expedirá un decreto por el cual se convocarán elecciones con el objeto de cubrirlas.

La Cámara de Representantes elegirá a su presidente y demás funcionarios; y será la única facultada para declarar que hay lugar para proceder en los casos de responsabilidades oficiales.

Sección 3. *El Senado de los Estados Unidos se compondrá de dos Senadores por cada Estado, elegidos por seis años por la Asamblea legislativa del mismo; y cada Senador representará un voto*

Nada más se reúnan en virtud de la elección inicial, se dividirán en tres grupos de forma tan equitativa como sea posible. Las curules de los senadores del primer grupo quedarán vacantes al terminar el segundo año; las del segundo grupo, al expirar el cuarto año; y las del tercer grupo, al concluir el sexto año; de tal manera que sea factible elegir una tercera parte cada dos años; y si se producen vacantes, por renuncia u otra causa, durante el receso de la legislatura de algún Estado, el Ejecutivo de éste podrá hacer designaciones provisionales hasta el siguiente período de sesiones de la Asamblea legislativa, la cual procederá a cubrir dichas vacantes.

No será senador ninguna persona que no haya cumplido treinta años de edad y que no haya sido ciudadano de los

Estados Unidos durante nueve años y que, en el momento de la elección, no sea habitante del Estado por parte del cual fue elegido.

El Vicepresidente de los Estados Unidos será Presidente del Senado, pero no tendrá voto, a menos que estén divididos equitativamente.

El Senado elegirá a sus demás funcionarios, así como a un Presidente pro tempore, en ausencia del Vicepresidente o cuando éste se halle desempeñando el cargo de la Presidencia de los Estados Unidos.

El Senado poseerá el derecho exclusivo de juzgar sobre todas las acusaciones formuladas contra un alto cargo. Cuando se reúna con este objeto, sus miembros deberán prestar un juramento o protesta. Cuando se juzgue al Presidente de los EE.UU. deberá presidir el acto el Presidente de la Corte Suprema. Además a ninguna persona se le condenará si no se alcanza un voto de dos tercios de los miembros presente.

En los casos de acusaciones formuladas contra un alto cargo, el alcance de la sentencia no irá más allá de la destitución del mismo de su cargo y la inhabilitación para ocupar y disfrutar cualquier empleo honorífico, de confianza o remunerado, de los Estados Unidos; el individuo condenado quedará sujeto, no obstante, a que se le acuse, enjuicie, juzgue y castigue con arreglo a las leyes.

Sección 4. Los lugares, épocas y modo de celebrar las elecciones para Senadores y Representantes se prescribirán en cada estado por la Asamblea legislativa respectiva, pero el Congreso podrá formular o alterar las reglas de referencia en cualquier momento por medio de una ley, a excepción de lo tocante a los lugares de elección de los Senadores.

El Congreso se reunirá una vez al año, y esta reunión será el primer lunes de Diciembre, a no ser que por ley se fije otro día.

Sección 5. *Cada Cámara calificará las elecciones, los informes sobre escrutinios y la capacidad legal de sus respectivos miembros, y una mayoría de cada una constituirá el quórum necesario para deliberar; pero un número menor puede suspender las sesiones de un día para otro y estará autorizado para compeler a los miembros ausentes a que asistan, del modo y bajo las penas que determine cada Cámara.*

Cada Cámara puede elaborar su propio reglamento interno, castigar a sus miembros ante conductas indebidas y expulsarlos de su seno con el asentimiento de las dos terceras partes.

Cada Cámara llevará un diario de sus sesiones y lo publicará de tiempo en tiempo a excepción de aquellas partes que a su juicio exijan reserva; y los votos afirmativos y negativos de sus miembros con respecto a cualquier cuestión se harán constar en el diario, a petición de la quinta parte de los presentes.

Durante el período de sesiones del Congreso ninguna de las dos cámaras puede suspenderlas por más de tres días ni acordar que se celebren en un lugar distinto de aquel en que se reúnen ambas Cámaras sin el consentimiento de la otra.

Sección 6. *Los Senadores y Representantes recibirán una remuneración por sus servicios que será fijada por la ley y pagada por el Tesoro de los Estados Unidos. En todos los casos, exceptuando los de traición, delito grave y perturbación del orden público, gozarán del privilegio de no ser arrestados durante el tiempo que asistan a las sesiones de sus respectivas Cámaras, así como al ir a ellas o regresar de las mismas, y no podrán ser objeto en ningún otro sitio de inquisición alguna con motivo de cualquier discusión o debate en una de las Cámaras.*

A ningún Senador ni Representante se le nombrará, durante el tiempo por el cual haya sido elegido, para ocupar cualquier empleo civil que dependa de los Estados Unidos, que haya sido creado o cuyos emolumentos hayan sido aumentados durante dicho tiempo, y ninguna persona que ocupe un cargo de los Estados Unidos podrá formar parte de las Cámaras mientras continúe en funciones.

Sección 7. Todo proyecto de ley que tenga por objeto la obtención de ingresos deberá proceder primeramente de la Cámara de Representantes; pero el Senado podrá proponer reformas o convenir en ellas de la misma manera que tratándose de otros proyectos.

Todo proyecto aprobado por la Cámara de Representantes y el Senado se presentará al Presidente de los Estados Unidos antes de que se convierta en ley; si lo aprobare lo firmará; en caso contrario lo devolverá, junto con sus objeciones, a la Cámara de su origen, la que insertará íntegras las objeciones en su diario y procederá a reconsiderarlo. Si después de dicho nuevo examen las dos terceras partes de esa Cámara se pusieren de acuerdo en aprobar el proyecto, se remitirá, acompañado de las objeciones, a la otra Cámara, en la cual también será estudiado nuevamente y, si lo aprobaren los dos tercios de dicha Cámara, se convertirá en ley. Pero en todos estos casos de que se habla, la votación de ambas Cámaras será nominal y los nombres de las personas que voten en pro o en contra del proyecto se inscribirán en el diario de la Cámara que corresponda. Si algún proyecto no fuera devuelto por el Presidente dentro de un plazo de 10 días (descontando los domingos) después de haberle sido presentado, se convertirá en ley, de la misma manera que si lo hubiera firmado, a menos de que al suspender el Congreso sus sesiones, impidiera su devolución, en cuyo caso no será ley.

Toda orden, resolución o votación para la cual sea necesaria la concurrencia del Senado y la Cámara de Representantes (salvo en materia de suspensión de las sesiones), se presentará al Presidente de los Estados Unidos y no tendrá efecto antes de ser aprobada por él o de ser aprobada nuevamente por dos tercios del Senado y de la Cámara de Representantes, en el caso de que la rechazare, de conformidad con las reglas y limitaciones prescritas en el caso de un proyecto de ley.

Sección 8. El Congreso tendrá facultad para establecer y recaudar contribuciones, impuestos, derechos y consumos; para pagar las deudas y proveer a la defensa común y bienestar general de los Estados Unidos; pero todos los derechos, impuestos y consumos serán uniformes en todos los Estados Unidos;

Para contraer empréstitos a cargo de créditos de los Estados Unidos;

Para reglamentar el comercio con las naciones extranjeras, entre los diferentes Estados y con las tribus indias;

Para establecer un régimen uniforme de naturalización y leyes uniformes en materia de quiebra en todos los Estados Unidos;

Para acuñar monedas y determinar su valor, así como el de la moneda extranjera. Fijar los patrones de las pesas y medidas;

Para proveer lo necesario para el castigo de quienes falsifiquen los títulos y la moneda corriente de los Estados Unidos;

Para establecer oficinas de correos y vías de comunicación para correos;

Para fomentar el progreso de la ciencia y las artes útiles, asegurando a los autores e inventores, por un tiempo limitado, el derecho exclusivo sobre sus respectivos escritos y descubrimientos;

Para crear tribunales inferiores a la Corte Suprema;

Para definir y castigar la piratería y otros delitos graves cometidos en alta mar y violaciones al derecho internacional;

Para declarar la guerra, otorgar patentes de corso y represalias y para dictar reglas con relación a las presas de mar y tierra;

Para reclutar y sostener ejércitos; sin embargo, ninguna autorización presupuestaria de fondos que tengan ese destino será por un plazo superior a dos años;

Para habilitar y mantener una armada;

Para dictar reglas para el gobierno y ordenanza de las fuerzas navales y terrestres;

Para disponer cuando debe convocarse a la milicia nacional] con el fin de hacer cumplir las leyes de la Unión, sofocar las insurrecciones y rechazar las invasiones;

Para proveer lo necesario para organizar, armar y disciplinar a la milicia nacional y para gobernar aquella parte de esta que se utilice en servicio de los Estados Unidos; reservándose a los estados correspondientes el nombramiento de los oficiales y la facultad de instruir conforme a la disciplina prescrita por el Congreso;

Para legislar en forma exclusiva sobre todo lo referente al Distrito (que no podrá ser mayor a diez millas cuadradas) que se convierta en sede del gobierno de los Estados Unidos, como consecuencia de la cesión de algunos estados en que se encuentre situado y la aprobación del Congreso; para ejercer su autoridad sobre todos los lugares comprados con el consentimiento de la legislatura del estado mismo en el que se construirán fuertes, almacenes, arsenales, astilleros y otros edificios necesarios; —Y,

Para expedir todas las leyes que sean necesarias y convenientes para llevar a efecto los poderes anteriores y todos los demás que esta Constitución confiere al gobierno de los Estados Unidos o cualquiera de sus departamentos o funcionarios.

Sección 9. *El Congreso no podrá prohibir antes del año mil ochocientos ocho la inmigración o importación de las personas que cualquiera de los Estados ahora existentes estime oportuno admitir, pero puede imponer sobre dicha importación una contribución o derecho que no exceda de 10 dólares por cada persona.*

El privilegio de habeas corpus no se suspenderá, salvo cuando la seguridad pública lo exija, en los casos de rebelión o invasión.

No se aprobarán decretos de proscripción ni leyes retroactivas.

No se impondrá ningún impuesto directo ni de capitación, a no ser que se establezca de forma proporcional al censo o recuento que antes se ordeno practicar.

Ningún impuesto o derecho se establecerá sobre los artículos que se exporten desde cualquier estado.

Los puertos de un Estado no gozarán de preferencia sobre los de ningún otro, en virtud de reglamentación mercantil o fiscal; tampoco las embarcaciones que se dirijan a un estado o procedan de él estarán obligadas a ingresar, compensar o pagar obligaciones a cualquier otro.

Ninguna cantidad de dinero podrá retirarse del tesoro si no es como consecuencia de asignaciones autorizadas por la ley; de tiempo en tiempo deberá publicarse una declaración del estado de cuenta y relación de recibos y gastos de todo el dinero público.

Los Estados Unidos no concederán ningún título de nobleza; ninguna persona que ocupe un empleo remunerado u honorífico que dependa de ellos aceptará ningún regalo, emolumento, empleo o título, sea de la clase que fuere, de cualquier monarca, príncipe o estado extranjero, sin consentimiento del Congreso.

Sección 10. Ningún Estado celebrará tratado, alianza o confederación algunos; otorgará patentes de corso y represalias; acuñará moneda, emitirá papel moneda, legalizará cualquier cosa que no sea la moneda de oro y plata como medio de pago de las deudas; aprobará decretos por los que se castigue a determinadas personas sin que preceda juicio ante los tribunales, leyes ex post facto o leyes que menoscaben las obligaciones que derivan de los contratos, ni concederá título alguno de nobleza.

Sin el consentimiento del Congreso ningún estado podrá imponer derechos sobre los artículos importados o exportados, excepto los que sean absolutamente necesarios para ejecutar sus leyes de inspección; el producto neto de todos los derechos e impuestos que establezcan los estados sobre las importaciones y exportaciones se aplicará en provecho del tesoro de los Estados Unidos; y todas dichas leyes estarán sujetas a la revisión y vigilancia del Congreso.

Sin el consentimiento del Congreso ningún estado podrá establecer derechos de tonelaje, mantener tropas o navíos de guerra en tiempo de paz, celebrar convenio o pacto alguno con otro estado o con una potencia extranjera, o hacer la guerra, a menos que de hecho sea invadido o se encuentre en peligro tan inminente que no admita demora.

ARTÍCULO DOS

Sección 1. Se deposita el poder ejecutivo en un Presidente de los Estados Unidos. Desempeñará su cargo durante un término de cuatro años y, juntamente con el Vicepresidente designado para el mismo período, será elegido como sigue:

Cada estado designará, del modo que su legislatura disponga, un número de electores igual al total de los senadores y representantes a que el estado tenga derecho en el Congreso; sin embargo, ningún senador, ni representante, ni persona que ocupe un empleo honorífico o remunerado de los Estados Unidos, podrá ser designado como elector.

Los electores se reunirán en sus respectivos estados y votarán mediante cédulas en favor de dos personas, una de las cuales, cuando menos no será habitante del mismo estado que ellos. Harán una lista de todas las personas que recibieron votos y firmarán y certificarán la referida lista y la enviarán sellada a la sede del gobierno de los Estados Unidos, dirigida al presidente del Senado. El Presidente del Senado abrirá las listas en presencia del Senado y de la Cámara de

Representantes, y entonces se contarán los votos. La persona que tuviera el mayor número de votos será Presidente, siempre que dicho número represente la mayoría de todos los electores designados; y si hubiere más de uno que tenga esa mayoría y que cuente con igual número de votos, entonces la Cámara de Representantes elegirá a uno de ellos inmediatamente para Presidente, votando por cedulas, y si ninguna persona tuviere mayoría, entonces la referida Cámara elegirá al Presidente de la misma manera entre los cinco nombres con mayor número de votos en la lista. Téngase presente que al elegir al Presidente la votación se hará por estados y que la representación de cada estado gozará de un voto; que para este objeto habrá quórum cuando estén presentes el miembro o los miembros que representen a los dos tercios de los Estados y que será necesaria mayoría de todos los estados para que se tenga por hecha la elección. En todos los casos, una vez elegido el Presidente, la persona que reúna el mayor número de votos de los electores será Vicepresidente. Pero si quedaren dos o más con el mismo número de votos, el Senado escogerá de entre ellos al Vicepresidente, votando por cédulas.

El Congreso podrá fijar la época de designación de los electores, así como el día en que deberán emitir sus votos, el cual deberá ser el mismo en todos los Estados Unidos.

Solo las personas que sean ciudadanos por nacimiento o que hayan sido ciudadanos de los Estados Unidos al tiempo de adoptarse esta Constitución, serán elegibles para el cargo de Presidente; tampoco será elegible una persona que no haya cumplido 35 años de edad y que no haya residido 14 años en los Estados Unidos.

En caso de que el Presidente sea separado de su cargo, o de que muera, renuncie o quede incapacitado para dar cumplimiento a los poderes y deberes del referido cargo, este pasará al Vicepresidente y el Congreso podrá prever por medio de una ley el caso de separación, muerte, renuncia o incapacidad, tanto del Presidente como del Vicepresidente, y declarar qué funcionario fungirá como Presidente hasta que desaparezca la causa de la incapacidad o se elija un Presidente.

El Presidente recibirá, en épocas determinadas, una remuneración por sus servicios, la cual no podrá ser aumentada ni disminuida durante el período para el cual haya sido designado y no podrá recibir durante ese tiempo ningún otro emolumento de parte de los Estados Unidos o de cualquiera de estos.

Antes de entrar a desempeñar su cargo prestará el siguiente juramento o promesa: "Juro (o prometo) solemnemente que desempeñaré legalmente el cargo de Presidente de los Estados Unidos y que sostendré, protegeré y defenderé la Constitución de los Estados Unidos, empleando en ello el máximo de mis facultades".

Sección 2. El Presidente será el comandante en jefe del Ejército y la Marina de los Estados Unidos y de la milicia de los diversos estados, cuando se la llame al servicio activo de los Estados Unidos; podrá solicitar la opinión por escrito del funcionario principal de cada uno de los departamentos administrativos con relación a cualquier asunto que se relacione con los deberes de sus respectivos cargos, y estará facultado para suspender la ejecución de las sentencias y para conceder indultos tratándose de delitos contra los Estados Unidos, excepto en los casos de acusación por responsabilidades oficiales.

Tendrá facultad, con el consejo y consentimiento del Senado, para celebrar tratados, con tal de que den su anuencia dos tercios de los senadores presentes; y propondrá y, con el consejo y consentimiento del Senado, nombrará a los embajadores, los demás ministros públicos y los cónsules, los magistrados de la Corte Suprema y a todos los demás funcionarios de los Estados Unidos a cuya designación no provea este documento en otra forma y que hayan sido establecidos por ley. Sin embargo, el Congreso podrá por ley investir la designación de los funcionarios inferiores que considere convenientes, solo en el Presidente, en los tribunales judiciales o en los directores de los departamentos.

El Presidente tendrá el derecho de cubrir todas las vacantes que ocurran durante el receso del Senado, extendiendo nombramientos provisionales que terminarán al final del siguiente período de sesiones.

Sección 3. Periódicamente deberá proporcionar al Congreso informes sobre el estado de la Unión, recomendando a su consideración las medidas que estime necesarias y oportunas; en ocasiones de carácter extraordinario podrá convocar a ambas Cámaras o a cualquiera de ellas, y en el supuesto de que discrepen en cuanto a la fecha en que deban entrar en receso, podrá suspender sus sesiones, fijándoles para que las reanuden la fecha que considere conveniente; recibirá a los embajadores y otros ministros públicos; cuidará de que las leyes se ejecuten puntualmente y extenderá los despachos de todos los funcionarios de los Estados Unidos.

Sección 4. El Presidente, el Vicepresidente y todos los funcionarios civiles de los Estados Unidos serán separados de sus puestos al ser acusados y declarados culpables de traición, cohecho u otros delitos y faltas graves.

ARTÍCULO TRES

Sección 1. Se depositará el poder judicial de los Estados Unidos en una Suprema Corte y en los tribunales inferiores que el Congreso instituya y establezca en lo sucesivo. Los jueces, tanto de la Suprema Corte como de los inferiores, continuarán en sus funciones mientras observen buena conducta y recibirán en periodos fijos, una remuneración por sus servicios que no será disminuida durante el tiempo de su encargo

Sección 2. El Poder Judicial extenderá en todas los casos, tanto de derecho escrito como de equidad, que surjan como consecuencia de esta Constitución, las leyes de los Estados Unidos y de los tratados celebrados o que se celebren bajo su autoridad; en todos los casos que se relacionen con embajadores, otros ministros públicos y cónsules; en todos los casos de jurisdicción de almirantazgo y marítima; en las controversias en que sean parte los Estados Unidos; en las controversias entre dos o más estados, entre un estado y los ciudadanos de otro, entre ciudadanos de diferentes estados, entre ciudadanos del mismo estado que reclamen tierras en virtud de concesiones de diferentes estados y entre un estado o los ciudadanos del mismo; y estados, ciudadanos o súbditos extranjeros.

En todos los casos que afecten a embajadores, otros ministros públicos y cónsules, así como en aquellos en que sea parte un estado, la Suprema Corte poseerá la jurisdicción original. En todos los demás casos que antes se mencionaron la Suprema Corte tendrá jurisdicción para apelar, tanto del derecho como de los hechos, con las excepciones y con arreglo a la reglamentación que formule el Congreso

Todos los delitos serán juzgados por medio de un jurado excepto en los casos de acusación por responsabilidades oficiales, dicho juicio tendrá lugar en el estado en que el delito se haya cometido; sin embargo, cuando no se haya cometido dentro de los límites de ningún estado, el juicio se celebrará en el lugar o lugares que el Congreso haya dispuesto por medio de una ley.

Sección 3. La traición contra los Estados Unidos sólo consistirá en hacer la guerra en su contra o en unirse a sus enemigos, impartiéndoles ayuda y protección. A ninguna persona se le condenará por traición si no es sobre la base de la declaración de dos testigos que hayan presenciado el mismo acto perpetrado abiertamente o de una confesión en sesión pública de un tribunal.

El Congreso estará facultado para fijar la pena que corresponda a la traición; pero ninguna sentencia por causa de traición podrá privar del derecho de heredar o de transmitir bienes por herencia, ni producirá la confiscación de sus bienes más que en vida de la persona condenada.

Artículo Cuatro

Sección 1. Se dará completa fe y crédito en cada estado a las Actas Públicas, Registros y Procedimientos judiciales de todos los demás estados. Y el Congreso podrá prescribir, mediante leyes generales, la forma en que dichas Actas, Registros y Procedimientos se probarán y el efecto de los mismos.

Sección 2. Los ciudadanos de cada estado tendrán derecho a todos los privilegios e inmunidades de los ciudadanos de los demás estados.

Una persona acusada en cualquier estado por traición, delito grave u otro crimen, que huya de la justicia y fuere hallada en otro estado, será entregada, por solicitud de la Autoridad Ejecutiva del estado del que se haya fugado, con el objeto de que sea conducida al estado que posea jurisdicción sobre el delito

Ninguna persona obligada a servir o laborar en un estado, bajo las leyes de éste, que escape a otro estado, quedará liberada, a consecuencia de ninguna ley o reglamento de dicho estado, de dichos servicios o trabajo, sino que será entregada al reclamarlo la parte interesada a quien se deba tal servicio o trabajo.

Sección 3. El Congreso podrá admitir nuevos estados a esta Unión, pero ningún nuevo estado podrá formarse o erigirse dentro de los límites de otro estado, ni un estado constituirse mediante la unión de dos o más estados o partes de estados, sin el consentimiento de las legislaturas de los estados afectados, así como del Congreso.

El Congreso tendrá facultad para disponer y formular todos los reglamentos y reglas necesarias con respecto al territorio y otros bienes que pertenezcan a los Estados Unidos; ninguna parte de esta Constitución será interpretada de manera que cause perjuicio a los derechos reclamados por los Estados Unidos o por cualquier estado individual.

Sección 4. Los Estados Unidos garantizarán a todo estado de esta unión una forma de gobierno republicano, y protegerá a cada uno de ellos en contra de invasiones; y a solicitud de la Legislatura, o del Ejecutivo (en caso de que no fuese posible reunir a la legislatura) contra disturbios internos.

ARTÍCULO CINCO

Siempre que las dos terceras partes de ambas Cámaras lo juzguen necesario, el Congreso propondrá enmiendas a esta Constitución, o, a solicitud de las legislaturas de los dos tercios de los distintos estados, convocará una Convención con el objeto de que proponga Enmiendas, las cuales, en cualquier caso, poseerán la misma validez como si fueran parte de esta Constitución, para todo efecto, una vez que hayan sido ratificadas por las legislaturas de las tres cuartas partes de los estados separadamente o por medio de convenciones reunidas en tres cuartos de los mismos, según el Congreso haya propuesto uno u otro modo para la ratificación; y a condición de que ninguna Enmienda que sea hecha antes del año de mil ochocientos ocho, modifique de manera alguna, las cláusulas primera y cuarta de la Sección Novena del Artículo primero; y que a ningún Estado será privado, sin su consentimiento, de igualdad de voto en el Senado

ARTÍCULO SEIS

Todas las deudas contraídas y los compromisos adquiridos antes de la adopción de esta Constitución serán tan válidos en contra de los Estados Unidos bajo esta Constitución, como bajo la Confederación.

Esta Constitución, y las Leyes de los Estados Unidos que se expidan con arreglo a ella; y todos los Tratados celebrados o que se celebren bajo la autoridad de los Estados Unidos, serán la Ley Suprema del país; y los Jueces de cada estado estarán por lo tanto obligados a observarlos, sin consideración *de ninguna cosa en contrario en la Constitución o las leyes de cualquier Estado.*

Los Senadores y Representantes mencionados, los miembros de las distintas legislaturas estatales y todos los funcionarios ejecutivos y judiciales, tanto de los Estados Unidos como de los diversos estados, se obligarán mediante juramento o promesa a sostener esta Constitución; pero nunca se exigirá una prueba religiosa como condición para ocupar ningún cargo o mandato público que dependa de los Estados Unidos.

ARTÍCULO SIETE

La ratificación de las convenciones de los nueve estados, debe de ser suficiente para el establecimiento de esta Constitución entre los estados que ratificaban la misma.

LOS FIRMANTES

Dado en la convención, por consentimiento unánime de los estados presentes, el día 17 de septiembre del año de Nuestro Señor de mil setecientos ochenta y siete y duodécimo de la Independencia de los Estados Unidos de América.

En fe lo cual, por el presente documento suscribimos nuestros Nombres,

G. Washington-Presidente y diputado de Virginia

New Hampshire: John Langdon, Nicholas Gilman

Massachusetts: Nathaniel Gorham, Rufus King

Connecticut: Wm: Saml. Johnson, Roger Sherman

Nueva York: Alexander Hamilton

Nueva Jersey: Wil. Livingston, David Brearly, Wm. Paterson, Jona. Dayton

Pensilvania: B. Franklin, Thomas Mifflin, Robt. Morris, Geo.

Clymer, Thos. FitzSimons, Jared Ingersoll, James Wilson, Gouv Morris

Delaware: Geo. Read, Gunning Bedford jun, John Dickinson, Richard Bassett, Jaco. Broom

Maryland: James McHenry, Dan of St Thos. Jenifer, Danl Carroll

Virginia: John Blair, James Madison Jr.

Carolina del Norte: Wm. Blount, Richd. Dobbs Spaight, Hu Williamson

Carolina del Sur: J. Rutledge, Charles Cotesworth Pinckney, Charles Pinckney, Pierce Butler

Georgia: William Few, Abr Baldwin

APÉNDICE
H
★ LAS ENMIENDAS ★

Las siguientes son las enmiendas a la constitución.

ENMIENDA I

El Congreso no hará ley alguna con respecto a la adopción de una religión o prohibiendo el libre ejercicio de dichas actividades; o que coarte la libertad de expresión o de la prensa, o el derecho del pueblo para reunirse pacíficamente, y para solicitar al gobierno la reparación de agravios.

ENMIENDA II

Siendo necesaria una milicia bien regulada para la seguridad de un estado libre, no se violará el derecho del pueblo a poseer y portar armas.

ENMIENDA III

En tiempo de paz a ningún militar se le alojará en casa alguna sin el consentimiento del propietario; ni en tiempo de guerra, como no sea en la forma que prescriba la ley.

ENMIENDA IV

El derecho de los habitantes de que sus personas, domicilios, papeles y efectos se hallen a salvo de pesquisas y aprehensiones arbitrarias, será inviolable, y no se expedirán al efecto mandamientos que no se apoyen en un motivo verosímil, estén corroborados mediante juramento o protesta y describan con particularidad el lugar que deba ser registrado y las personas o cosas que han de ser detenidas o embargadas.

ENMIENDA V

Nadie estará obligado a responder de un delito castigado con la pena capital o con otra infamante si un gran jurado no lo denuncia o acusa, a excepción de los casos que se presenten en las fuerzas de mar o tierra o en la milicia nacional cuando se encuentre en servicio efectivo en tiempo de guerra o peligro público; Tampoco se pondrá a persona alguna dos veces en peligro de perder la vida o algún miembro con motivo del mismo delito; Ni se le compelerá a declarar contra sí misma en ningún juicio criminal; ni se le privará de la vida, la libertad o la propiedad sin el debido proceso legal; ni se ocupará la propiedad privada para uso público sin una justa indemnización.

ENMIENDA VI

En toda causa criminal, el acusado gozará del derecho de ser juzgado rápidamente y en público por un jurado imparcial del distrito y estado en que el delito se haya cometido, distrito que deberá haber sido determinado previamente por la ley; así como de que se le haga saber la naturaleza y causa de la acusación, de que se le caree con los testigos que depongan en su contra, de que se le obligue a comparecer a los testigos que le favorezcan y de contar con la ayuda de un abogado que lo defienda.

ENMIENDA VII

El derecho a que se ventilen ante un jurado los juicios de derecho consuetudinario en que el valor que se discuta exceda de veinte dólares, será garantizado, y ningún hecho de que haya conocido un jurado será objeto de nuevo examen en tribunal alguno de los Estados Unidos, como no sea con arreglo a las normas del derecho consuetudinario.

ENMIENDA VIII

No se exigirán fianzas excesivas, ni se impondrán multas excesivas, ni se infligirán penas crueles y desusadas.

ENMIENDA IX

No por el hecho de que la Constitución enumera ciertos derechos ha de entenderse que niega o menosprecia otros que retiene el pueblo.

ENMIENDA X

Los poderes que la Constitución no delega a los Estados Unidos ni prohíbe a los estados, quedan reservados a los estados respectivamente o al pueblo..

ENMIENDA XI

El poder judicial de los Estados Unidos no debe interpretarse que se extiende a cualquier litigio de derecho estricto o de equidad que se inicie o prosiga contra uno de los Estados Unidos por ciudadanos de otro estado o por ciudadanos o súbditos de cualquier Estado extranjero.

ENMIENDA XII

Los electores se reunirán en sus respectivos estados y votarán mediante cédulas para Presidente y Vicepresidente, uno de los cuales, cuando menos, no deberá ser habitante del mismo estado que ellos; en sus cédulas indicarán la persona a favor de la cual votan para Presidente y en cédulas diferentes la persona que eligen para Vicepresidente, y formarán listas separadas de todas las personas que reciban votos para Presidente y de todas las personas a cuyo favor se vote para Vicepresidente y del número de votos que corresponda a cada una, y firmarán y certificarán las referidas listas y las remitirán selladas a la sede de gobierno de los Estados Unidos, dirigidas al presidente del Senado; el Presidente del Senado abrirá todos los certificados en presencia del Senado y de la Cámara de Representantes, después de lo cual se contarán los votos; la persona que tenga el mayor número de votos para Presidente será Presidente, siempre que dicho número represente la mayoría de todos los electores nombrados, y si ninguna persona tiene mayoría, entonces la Cámara de Representantes, votando por cédulas, escogerá inmediatamente el Presidente de entre las tres personas que figuren en la lista de quienes han recibido sufragio para Presidente y cuenten con más votos. Téngase presente que al elegir al Presidente la votación se hará por estado y que la representación de cada estado gozará de un voto; que para este objeto habrá quórum cuando estén presentes el miembro o los miembros que representen a los dos tercios de los estados y que será necesaria mayoría de todos los estados para que se tenga por hecha la elección. Y si la Cámara de Representantes no eligiere Presidente, en los casos en que pase a ella el derecho de escogerlo, antes del día cuatro de marzo inmediato siguiente, entonces el Vicepresidente actuará como Presidente, de la misma manera que en el caso de muerte o de otro impedimento constitucional del Presidente. La persona que obtenga el mayor número de votos para Vicepresidente será Vicepresidente, siempre que dicho número represente la mayoría de todos los electores nombrados, y si ninguna persona reúne la mayoría, entonces el Senado escogerá al

Vicepresidente entre las dos con mayor cantidad de votos que figuran en la lista; para este objeto habrá quórum con las dos terceras partes del número total de senadores y será necesaria la mayoría del número total para que la elección se tenga por hecha. Pero ninguna persona inelegible para el cargo de Presidente con arreglo a la Constitución será elegible para el de Vicepresidente de los Estados Unidos.

ENMIENDA XIII

Sección 1. *Ni en los Estados Unidos ni en ningún lugar sujeto a su jurisdicción habrá esclavitud ni trabajo forzado, excepto como castigo de un delito del que el responsable haya quedado debidamente convicto.*

Sección 2. *El Congreso estará facultado para hacer cumplir este artículo por medio de leyes apropiadas.*

ENMIENDA XIV

Sección 1. *Todas las personas nacidas o naturalizadas en los Estados Unidos y sometidas a su jurisdicción son ciudadanos de los Estados Unidos y de los estados en que residen. Ningún estado podrá dictar ni dar efecto a cualquier ley que limite los privilegios o inmunidades de los ciudadanos de los Estados Unidos; tampoco podrá estado alguno privar a cualquier persona de la vida, la libertad o la propiedad sin el debido proceso legal; ni negar a cualquier persona que se encuentre dentro de sus límites jurisdiccionales la protección de las leyes, igual para todos.*

Sección 2. *Los representantes se distribuirán proporcionalmente entre los diversos estados de acuerdo con su población respectiva, en la que se tomará en cuenta el número total de personas que haya en cada estado, con excepción de los indios que no paguen contribuciones. Pero cuando se les niegue o se les coarte en la forma que sea el derecho de votar en cualquier elección en que se trate de escoger a los electores para Presidente y Vicepresidente de los Estados Unidos, a los representantes del Congreso, a los funcionarios ejecutivos y* judiciales de un estado o a los miembros de su legislatura a los habitantes varones de un estado que tengan veintiún años de edad y sean ciudadanos de los Estados Unidos, excepto con motivo de su participación en una rebelión o en algún otro delito, la base de la representación de dicho estado se reducirá en la misma proporción en que se halle el número de los ciudadanos varones a que se hace referencia, con el número total de ciudadanos varones de veintiún años de dicho estado.

Sección 3. Las personas que habiendo prestado juramento previamente en calidad de miembros del Congreso, o de funcionarios de los Estados Unidos, o de miembros de cualquier legislatura local, o como funcionarios ejecutivos o judiciales de cualquier estado, de que sostendrían la Constitución de los Estados Unidos, hubieran participado de una insurrección o rebelión en contra de ella o proporcionando ayuda o protección a sus enemigos no podrán ser senadores o representantes en el Congreso, ni electores del Presidente o Vicepresidente, ni ocupar ningún empleo civil o militar que dependa de los Estados Unidos o de alguno de los estados. Pero el Congreso puede derogar tal interdicción por el voto de los dos tercios de cada Cámara.

Sección 4. La validez de la deuda pública de los Estados Unidos que este autorizada por la ley, incluyendo las deudas contraídas para el pago de pensiones y recompensas por servicios prestados al sofocar insurrecciones o rebeliones, será incuestionable. Sin embargo, ni los Estados Unidos ni ningún estado asumirán ni pagarán deuda u obligación alguna, contraídas para ayuda de insurrecciones o rebeliones contra los Estados Unidos, como tampoco reclamación alguna con motivo de la pérdida o emancipación de esclavos, pues todas las deudas, obligaciones y reclamaciones de esa especie se considerarán ilegales y nulas.

Sección 5. El Congreso tendrá facultades para hacer cumplir las disposiciones de este artículo por medio de leyes apropiadas.

ENMIENDA XV

Sección 1. El derecho a votar de los ciudadanos de los Estados Unidos no será negado ni menoscabado por los Estados Unidos por motivo de raza, color o de su condición anterior de esclavos.

Sección 2. El Congreso tendrá facultades para hacer cumplir las disposiciones de este artículo por medio de leyes apropiadas.

ENMIENDA XVI

El Congreso tendrá facultades para establecer y recaudar impuestos sobre los ingresos, sea cual fuere la fuente de que provengan, sin prorratearlos entre los diferentes estados y sin atender a ningún censo o recuento.

ENMIENDA XVII

El Senado de los Estados Unidos se compondrá de dos senadores por cada Estado, elegidos por los habitantes del mismo por seis años, y cada senador dispondrá de un voto. Los electores de cada estado deberán poseer las condiciones requeridas para los electores de la rama más numerosa de la legislatura local.

Cuando ocurran vacantes en la representación de cualquier estado en el Senado, la autoridad ejecutiva de aquel expedirá un decreto en que convocará a elecciones con el objeto de cubrir dichas vacantes, en la inteligencia de que la legislatura de cualquier estado puede autorizar a su Ejecutivo a hacer un nombramiento provisional hasta tanto que las vacantes se cubran mediante elecciones populares en la forma que disponga la legislatura.

No deberá entenderse que esta enmienda influye sobre la elección o período de cualquier senador elegido antes de que adquiera validez como parte integrante de la Constitución.

Enmienda XVIII

Sección 1. Un año después de la ratificación de este artículo quedará prohibida por el presente la fabricación, venta o transporte de licores embriagantes dentro de los Estados Unidos y de todos los territorios sometidos a su jurisdicción, así como su importación a los mismos o su exportación de ellos, con el propósito de usarlos como bebidas.

Sección 2. El Congreso y los diversos Estados poseerán facultades concurrentes para hacer cumplir este artículo mediante leyes apropiadas.

Sección 3. Este artículo no entrará en vigor a menos de que sea ratificado con el carácter de enmienda a la Constitución por las legislaturas de los distintos estados en la forma prevista por la Constitución y dentro de los siete años siguientes a la fecha en que el Congreso lo someta a los estados.

Enmienda XIX

El derecho a votar de los ciudadanos de los Estados Unidos no será desconocido ni limitado por los Estados Unidos o por estado alguno por razón de sexo.

El Congreso estará facultado para hacer cumplir este artículo por medio de leyes apropiadas.

Enmienda XX

Sección 1. Los períodos del Presidente y el Vicepresidente terminarán al medio día del veinte de enero y los períodos de los senadores y representantes al medio día del tres de enero, de los años en que dichos períodos habrían terminado si este artículo no hubiera sido ratificado, y en ese momento principiarán los períodos de sus sucesores.

Sección 2. *El Congreso se reunirá, cuando menos, una vez cada año y dicho período de sesiones se iniciará al mediodía del tres de enero, a no ser que por medio de una ley fije una fecha diferente*

Sección 3. *Si el Presidente electo hubiera muerto en el momento fijado para el comienzo del período presidencial, el Vicepresidente electo será Presidente. Si antes del momento fijado para el comienzo de su período no se hubiere elegido Presidente o si el Presidente electo no llenare los requisitos exigidos, entonces el Vicepresidente electo fungirá como Presidente electo hasta que haya un Presidente idóneo, y el Congreso podrá prever por medio de una ley el caso de que ni el Presidente electo ni el Vicepresidente electo satisfagan los requisitos constitucionales, declarando quien hará las veces de Presidente en ese supuesto o la forma en que se escogerá a la persona que habrá de actuar como tal, y la referida persona actuará con ese carácter hasta que se cuente con un Presidente o un Vicepresidente que reúna las condiciones legales.*

Sección 4. *El Congreso podrá prever mediante una ley el caso de que muera cualquiera de las personas de las cuales la Cámara de Representantes está facultada para elegir Presidente cuando le corresponda el derecho de elección, así como el caso de que muera alguna de las personas entre las cuales el Senado está facultado para escoger Vicepresidente cuando pasa a él derecho de elegir.*

Sección 5. *Las secciones 1 y 2 entrarán en vigor el día quince de octubre siguiente a la ratificación de este artículo.*

Sección 6. *Este artículo quedará sin efecto a menos de que sea ratificado como enmienda a la Constitución por las legislaturas de las tres cuartas partes de los distintos estados, dentro de los siete años posteriores a la fecha en que se les someta.*

ENMIENDA XXI

Sección 1. Queda derogado por el presente el decimoctavo de los artículos de enmienda a la Constitución de los Estados Unidos

Sección 2. Se prohíbe por el presente que se transporte o importen licores embriagantes a cualquier estado, territorio o posesión de los Estados Unidos, para ser entregados o utilizados en su interior con violación de sus respectivas leyes.

Sección 3. Este artículo quedará sin efecto a menos de que sea ratificado como enmienda a la Constitución por convenciones que se celebrarán en los diversos estados, en la forma prevista por la Constitución, dentro de los siete años siguientes a la fecha en que el Congreso lo someta a los estados.

ENMIENDA XXII

Sección 1. No se elegirá a la misma persona para el cargo de Presidente más de dos veces, ni más de una vez a la persona que haya desempeñado dicho cargo o que haya actuado como Presidente durante más de dos años de un período para el que se haya elegido como Presidente a otra persona. El presente artículo no se aplicará a la persona que ocupaba el puesto de Presidente cuando el mismo se propuso por el Congreso, ni impedirá que la persona que desempeñe dicho cargo o que actúe como Presidente durante el período en que el repetido artículo entre en vigor, desempeñe el puesto de Presidente o actúe como tal durante el resto del referido período.

Sección 2. Este artículo quedará sin efecto a menos de que las legislaturas de tres cuartas partes de los diversos estados lo ratifiquen como enmienda a la Constitución dentro de los siete años siguientes a la fecha en que el Congreso los someta a los estados.

ENMIENDA XXIII

Sección 1. *El distrito que constituye la Sede del Gobierno de los Estados Unidos nombrará, según disponga el Congreso:*

Un número de electores para elegir al Presidente y al Vicepresidente, igual al número total de Senadores y Representantes ante el Congreso al que el Distrito tendría derecho si fuere un estado, pero en ningún caso será dicho número mayor que el del estado de menos población; estos electores se sumarán al número de aquellos electores nombrados por los estados, pero para fines de la elección del Presidente y del Vicepresidente, serán considerados como electores nombrados por un Estado; celebrarán sus reuniones en el Distrito y cumplirán con los deberes que se estipulan en la Enmienda Decimosegunda.

Sección 2. *El Congreso queda facultado para poner en vigor este artículo por medio de legislación adecuada.*

ENMIENDA XXIV

Sección 1. *Ni los Estados Unidos ni ningún estado podrán denegar o coartar a los ciudadanos de los Estados Unidos el derecho al sufragio en cualquier elección primaria o de otra clase para Presidente o Vicepresidente, para electores para elegir al Presidente o al Vicepresidente o para Senador o Representante ante el Congreso, por motivo de no haber pagado un impuesto electoral o cualquier otro impuesto.*

Sección 2. *El Congreso queda facultado para poner en vigor este artículo por medio de legislación adecuada.*

ENMIENDA XXV

Sección 1. *En caso de que el Presidente sea depuesto de su cargo, o en caso de su muerte o renuncia, el Vicepresidente será nombrado Presidente.*

Sección 2. *Cuando el puesto de Vicepresidente estuviera vacante, el Presidente nombrará un Vicepresidente que tomará posesión de su cargo al ser confirmado por voto mayoritario de ambas Cámaras del Congreso.*

Sección 3. *Cuando el Presidente transmitiera al Presidente temporal del Senado y al Presidente de Debates de la Cámara de Representantes su declaración escrita de que está imposibilitado de desempeñar los derechos y deberes de su cargo, y mientras no transmitiere a ellos una declaración escrita en sentido contrario, tales derechos y deberes serán desempeñados por el Vicepresidente como Presidente en funciones.*

Sección 4. *Cuando el Vicepresidente y la mayoría de los principales funcionarios de los departamentos ejecutivos o de cualquier otro cuerpo que el Congreso autorizara por ley trasmitieran al Presidente temporal del Senado y al Presidente de Debates de la Cámara de Representantes su declaración escrita de que el Presidente está imposibilitado de ejercer los derechos y deberes de su cargo, el Vicepresidente inmediatamente asumirá los derechos y deberes del cargo como Presidente en funciones.*

Por consiguiente, cuando el Presidente transmitiera al Presidente temporal del Senado y al Presidente de Debates de la Cámara de Representantes su declaración escrita de que no existe imposibilidad alguna, asumirá de nuevo los derechos y deberes de su cargo, a menos que el Vicepresidente y la mayoría de los funcionarios principales de los departamentos ejecutivos o de cualquier otro cuerpo que el Congreso haya autorizado por ley transmitieran en el término de cuatro días al Presidente temporal del Senado y al Presidente de Debates de la Cámara de Representantes su declaración escrita de que el Presidente está imposibilitado de ejercer los derechos y deberes de su cargo. Luego entonces, el Congreso decidirá qué solución debe adoptarse, para lo cual se reunirá en el término de cuarenta y ocho horas, si no estuviera en sesión. Si el Congreso, en el término de veintiún días de recibida la ulterior declaración escrita o, de no estar en sesión, dentro de los veintiún días de haber sido convocado a reunirse, determinará por voto de las dos terceras partes de ambas Cámaras que el Presidente está imposibilitado de ejercer los derechos y deberes de su cargo, el Vicepresidente continuará desempeñando el cargo como Presidente Actuante; de lo contrario, el Presidente asumirá de nuevo los derechos y deberes de su cargo.

ENMIENDA XXVI

Sección 1. *El derecho a votar de los ciudadanos de los Estado Unidos, de dieciocho años de edad o más, no será negado o menoscabado ni por los Estados Unidos ni por ningún estado a causa de la edad.*

Sección 2. *El Congreso tendrá poder para hacer valer este artículo mediante la legislación adecuada.*

ENMIENDA XXVII

Ninguna ley que varíe la remuneración de los servicios de los Senadores y Representantes tendrá efecto hasta después de que se haya realizado una elección de Representantes.

★ DATO AMERICANO: *EL MAYFLOWER* ★

El Mayflower fue el famoso barco que transportó a los Separatistas Ingleses, mejor conocidos como los Peregrinos, desde Southampton, Inglaterra, hasta Plymouth, Massachusetts en 1620. El navío zarpó de Inglaterra el 6 de Septiembre y después de un penoso viaje de 66 días marcado por la enfermedad, el barco echó anclas dentro del punto de anclaje de Cabo Cod el 11 de Noviembre. El Mayflower originalmente tenía como destino la boca del Río Hudson, cerca de la actual Ciudad de Nueva York, al norte de colonia inglesa de Virginia, que había sido establecida junto con el Asentamiento Jamenstown en 1607. Sin embargo, el Mayflower abandonó su curso porque se aproximaba el invierno y se quedó en la Bahía de Cabo Cod. El 21 de Marzo de 1621, todos los pasajeros sobrevivientes, que habían habitado el barco durante el invierno, se mudaron a tierra en Plymouth, el 5 de Abril, el Mayflower, un navío comisionado de manera privada, regresó a Inglaterra.

Source: http://en.wikipedia.org/wiki/Mayflower

★ RESPUESTAS DEL EXAMEN ★

1. ¿Qué día feriado fue celebrado por primera vez por los colonizadores norteamericanos?
   D. Día de Gracias

2. ¿Quién hace las leyes federales en los Estados Unidos?
   C. El Congreso

3. ¿Qué es la Constitución?
   B. La ley suprema de la tierra

4. ¿Cuál es la parte más alta del poder judicial de nuestro gobierno?
   B. La Suprema Corte

5. Una propuesta se convierte en ley cuando el Presidente:
   C. La firma

6. ¿De cuál de los siguientes países provenían los Peregrinos?
   A. Inglaterra

7. Fue líder del Movimiento de los Derechos Civiles
   C. .Martin Luther King

8. ¿Cuáles de las siguientes están contenidas en La Carta de Derechos?
    A. Las 10 primeras enmiendas

9. Cuando se hace un cambio a la Constitución, se le llama:
    C. Una enmienda

10. La Novena Enmienda le otorgó a las mujeres el derecho a:
    D. Votar en una elección

11. El líder del Ejército Continental era:
    B. George Washington

12. La guerra que ocurrió entre los estados es conocida como:
    A. La Guerra Civil

13. ¿En qué ciudad estuvo la primera capital de los EE. UU.?
    C. Filadelfia

14. ¿Quién de los siguientes tiene el poder para declarar la guerra?
    C. El Congreso

15. Cuando el Presidente entabla un acuerdo con una nación extranjera que no requiere del consentimiento del Senado, se llama:
    B. Una orden ejecutiva

16. ¿Cuántos miembros hay en la Cámara de Representantes?
    C. 435

17. ¿Qué representan las franjas de la bandera?
    A. Los 13 estados originales

18. ¿Cuál es la dirección de la Casa Blanca?
    A. 1600 Pennsylvania Avenue

19. ¿Quién fue el único Presidente de los EE. UU. que renunció a su cargo?
    D. Richard Nixon

20. El sistema de equilibrio de poderes incorporado a la Constitución asegura que cada poder del gobierno posea la habilidad de:
    A. Supervisar los poderes y acciones de los otros poderes

21. ¿Cuáles son las obligaciones de la Suprema Corte?
    D. Interpretar y explicar las leyes

22. ¿Cuántos miembros constituyen el Senado?
    C. 100

23. ¿Cuál parte del gobierno fue creada para responder de manera más directa a la voluntad del pueblo?
    B. La Cámara de Representantes

24. ¿Quién escribió "The Star-Spangled Banner" (El Himno Nacional de los EE. UU.)?
    A. Francis Scott Key

25. ¿Cuál es el término de servicio de un senador de los EE. UU.?
    C. 6 años

26. ¿De qué país obtuvieron su independencia los EE. UU.?
   C. Inglaterra

27. ¿Los derechos de quién están garantizados por la Constitución y la Carta de Derechos?
   A. Toda la gente que viva en los Estados Unidos

28. ¿Cuál de los siguientes está asegurado por la Carta de Derechos?
   D. Todas las anteriores

29. ¿Quién es el actual Presidente de la Suprema Corte de Justicia de los Estados Unidos?
   C. John Roberts, Jr.

30. ¿Quién dijo, "Dame libertad o dame la muerte"?
   A. Patrick Henry

31. El Compromiso Principal proporcionó un (una):
   B. Legislatura bicameral

32. ¿Cuál de los siguientes no es un poder del gobierno?
   D. El poder administrativo

33. De acuerdo con la Constitución de los EE. UU., un candidato a la Presidencia debe ser:
   C. Tanto A como B

34. ¿Quién elige al Presidente de los Estados Unidos?
   D. El Colegio Electoral

35. ¿Qué representan las estrellas de la bandera de los EE. UU.?
    A. Una por cada estado

36. ¿Cuántos cambios se han hecho a la Constitución de los EE. UU.?
    B. 27

37. ¿Cuál es el término de servicio de un miembro de la Cámara de Representantes?
    A. 2 años

38. Uno de los privilegios del Presidente es el:
    C. El perdón

39. ¿Cuál de las siguientes tácticas impulsó Martin Luther King, Jr., para conseguir justicia?
    B. Utilizar protestas pacíficas para lograr el cambio político

40. ¿Qué día se celebra el Día de la Independencia en los EE. UU.?
    C. 4 de Julio

41. Cuando un caso de la corte no es una violación criminal, se le llama:
    A. Un caso civil

42. ¿Quién fue cuadragésimo tercer Presidente de los Estados Unidos?
    D. George W. Bush

43. ¿Qué libertad no está protegida por la Primer Enmienda?

    D. Libertad de poseer armas de fuego

44. ¿Quién se convierte en el Presidente de los Estados Unidos si muere el actual Presidente?

    B. El Vicepresidente

45. ¿Quién asesinó al Presidente John F. Kennedy?

    C. Lee Harvey Oswald

46. La desastrosa invasión de Cuba en Abril de 1961 fue conocida como la:

    C. Bahía de Cochinos

47. El primer gobierno oficial de los EE. UU. podría ser descrito como:

    A. Confederación

48. ¿Cuántos términos puede servir el Presidente de los EE. UU.?

    B. 2

49. ¿En cuál ciudad está localizada la Campana de la Libertad?

    C. Filadelfia

50. ¿Cuál de los siguientes Presidentes de los EE. UU. dio el Discurso de Gettysburg?

    D. Abraham Lincoln

51. ¿Cuál de los siguientes estados no fue miembro de las 13 colonias originales?
B. Vermont

52. ¿Cuántos estados conforman a los EE. UU.?
B. 50

53. ¿Qué par de documentos escribió Thomas Jefferson?
D. La Ordenanza del Noroeste y la Declaración de Independencia

54. ¿Cómo se le llama al jefe ejecutivo de un estado?
A. Gobernador

55. ¿Cuál fue el último estado admitido en la Unión?
A. Hawaii

56. Los Estados Unidos actualmente tienen dos partidos políticos principales. ¿Cuál de los siguientes es uno de ellos?
A. Republicano

57. ¿Qué abarca el poder legislativo del gobierno?
B. El Senado y la Cámara de Representantes

58. ¿Cuál es la ley suprema de los Estados Unidos?
B. La Constitución

59. ¿Dónde vive el Presidente de los EE. UU.?
A. En la Casa Blanca

60. ¿Cuántos senadores elige cada estado?
   B. 2

61. ¿Qué poder del gobierno escribe las leyes?
   B. Legislativo

62. ¿Cuántas estrellas hay en la bandera de los EE. UU.?
   C. 50

63. ¿Cuál Presidente es referido como "El Padre de Nuestra Patria"?
   C. George Washington

64. ¿Qué país atacó Pearl Harbor durante la Segunda Guerra Mundial?
   C. Japón

65. ¿Cuál de los siguientes no es un color en la bandera de los EE. UU.?
   B. Negro

66. ¿Cuál poder del gobierno se reúne en el Capitolio?
   B. Legislativo

67. ¿Cuánto dura el término Presidencial?
   B. 4 años

68. ¿Cuál es el nombre de la primer mujer Vocero de la Cámara de Representantes?
   A. Nancy Pelosi

69. ¿Cuántas enmiendas garantizan o abordan los derechos a votar?
    C. 4

70. ¿Cuál es el nombre de la corte más alta en los EE. UU.?
    B. La Suprema Corte

71. ¿Qué enmienda le otorgó a las mujeres el derecho a votar?
    D. La décima novena

72. ¿Quién sirve a la cabeza del Poder ejecutivo del gobierno?
    A. El Presidente

73. La autoridad del Presidente está limitada por:
    A. La Constitución

74. Una de las diferencias entre derecho criminal y el civil es que:
    B. El gobierno no puede ser uno de los litigantes en un caso de derecho civil

75. ¿En qué año comenzó la Segunda Guerra Mundial?
    B. 1939

76. ¿En qué ciudad fue asesinado John F. Kennedy?
    C. Dallas, Texas

77. ¿Cuál de los siguientes estados no asistió a la Convención Constitucional en Mayo de 1787?
    D. Rhode Island

78. Nombre uno de los propósitos de las Naciones Unidas.
   A. Para que los países discutan y traten de resolver los problemas mundiales

79. ¿Quién firmó la Proclamación de Emancipación?
   C. Abraham Lincoln

80. ¿Cuántos jueces hay en la Suprema Corte?
   B. 9

81. ¿Quién actúa como Presidente del Senado?
   C. El Vicepresidente de los EE. UU.

82. ¿La Constitución de los EE. UU. puede ser cambiada o enmendada?
   A. Si

83. ¿Quién selecciona los jueces de la Suprema Corte?
   C. El Presidente

83. ¿En qué mes votan los norteamericanos para elegir Presidente?
   D. Noviembre

84. ¿En qué mes toma posesión el nuevo Presidente?
   A. Enero

85. ¿Cómo se conocen las primeras 10 enmiendas a la Constitución?
   B. La Carta de Derechos

86. ¿Cuál formato del USCIS es utilizado para hacer la solicitud para convertirse en ciudadano naturalizado?
C. N-400 "Solicitud de Naturalización"

87. ¿Qué canción es el himno nacional de los EE. UU.?
A. "The Star-Spangled Banner"

88. ¿Quién es el Comandante en Jefe del ejército de los EE. UU.?
C. El Presidente

89 ¿Cuál de los siguientes se considera parte del poder judicial del gobierno de los EE. UU.?
B. La Suprema Corte

90. ¿Qué tipo de gobierno tienen los EE. UU.?
A. Una república

91. ¿Cuál es la edad mínima para votar en los EE. UU.?
B. 18

92. ¿Cuál de los siguientes es un deber del Congreso?
A. Hacer leyes

93. ¿En qué año se escribió la Constitución?
C. 1787

94. ¿Cuál es el más grande derecho concedido a los ciudadanos de los EE. UU.?
B. El derecho a votar

95. ¿Quiénes fueron nuestros enemigos durante la Segunda Guerra Mundial?
D. Alemania, Italia y Japón

96. ¿Cómo se llama al jefe del ejecutivo de una ciudad?
C. Alcalde

97. ¿Cuál de las siguientes enmiendas se relaciona con el voto?
C. La Decimoquinta Enmienda

98. ¿La Libertad de expresión es mencionada en cuál de los siguientes documentos:
A. La Carta de Derechos

99. ¿Quién firma para que un proyecto de ley parlamentaria se convierta en ley?
C. El Presidente

100. ¿Cuál de los siguientes es el barco que trajo a los Peregrinos a los EE. UU.?
C. El Mayflower

★ BIBLIOGRAFÍA ★

Gania, Edwin T. (2006). *U.S. Immigration: Step by Step*. 3rd ed. Sphinx Publishing, Naperville, Illinois.

Heller, Stephen and Sicard, Cheri (2003). *U.S. Citizenship for Dummies*. Wiley Publishing Company, Indianapolis, Indiana.

Swick, Edward (2005). *U.S. Citizenship Test: Cliff's Test Prep*. Wiley Publishing Inc., Hoboken, New Jersey.

Wernick, Allan (2004). *U.S. Immigration and Citizenship: Your Complete Guide*. Emmis Books, Cincinnati, Ohio

https:// www.uscis.gov

www.state.gov

★ AMERICAN FACT: *DECLARATION OF INDEPENDENCE* ★

The United States Declaration of Independence is a statement adopted by the Continental Congress on July 4, 1776, announcing that the thirteen American colonies then at war with Great Britain were no longer a part of the British Empire. Written primarily by Thomas Jefferson, the Declaration is a formal explanation of why Congress had voted to declare independence from Great Britain, more than a year after the outbreak of the American Revolutionary War. The birthday of the United States of America—Independence Day—is celebrated on July 4, the day the wording of the Declaration was approved by Congress. After approving the wording on July 4, Congress issued the Declaration of Independence in several forms. It was initially published as a printed broadside that was widely distributed and read to the public. The most famous version of the Declaration, a signed copy that is usually regarded as the Declaration of Independence, is on display at the National Archives in Washington, D.C.

Source: http://en.wikipedia.org/wiki/Declaration_of_American_Independence

★ BIOGRAFÍA DE LA AUTORA ★

Anita Lambert Biase es una antigua maestra que actualmente trabaja como escritora independiente. Ha escrito y publicado muchas historias, poemas, artículos y columnas en publicaciones nacionales, regionales y en línea. Anita también ha ayudado a escribir y editar varias colecciones de material educativo. Recientemente contribuyó con una historia para *Sopa de Pollo para las Almas de las Madres y los Hijos* (2006).

La Sra. Biase reside en Chula Vista, California, en una comunidad de inmigrantes y orgullosos nuevos ciudadanos. Durante su carrera como maestra le enseñó a muchos estudiantes recién llegados a los Estados Unidos. Tuvo el privilegio de ver crecer a estos niños y ver como ellos y sus familias se volvían ciudadanos de los EE. UU.

"Aquellos que dudan de la sabiduría de la Dama de la Libertad solo tienen que ir a un salón de clase de segundo grado temprano por la mañana. Cuando escuchen a los 30 niños con dientes salidos de segundo grado provenientes de todo el mundo cantando a todo pulmón el coro de 'This Land is My Land', sus reservas se disolverán antes de que las lagrimas se sequen en sus caras".

—Anita Lambert Biase

EPÍLOGO DE LA AUTORA

Al igual que muchos norteamericanos, siempre he tomado mi ciudadanía de los EE. UU. como algo natural, y nunca he meditado mucho al respecto. Después de escribir este libro y viendo la dificultad y lentitud del proceso de naturalización de primera mano, nunca volveré a tomar mi ciudadanía por sentada.

★ GLOSARIO ★

Acta Amero asiática - Ley Pública 97-359 (Acta del 10/22/82) prevé la inmigración a los Estados Unidos de ciertos niños amero asiáticos. Para calificar para la obtención de los beneficios cubiertos por esta ley, un extranjero debe de haber nacido en Camboya, Corea, Laos, Tailandia o Vietnam después del 31 de Diciembre de 1950 y antes del 22 de Octubre de 1982, y haber sido apadrinado por un ciudadano de los EE. UU.

Acta de Asistencia de Enfermeras de 1989 - Ley Pública 101-238 (Acta del 12/18/89), proporciona el estatus de residente permanente a ciertos inmigrantes quienes, desde del 1 de Septiembre de 1989, tenía el estatus no inmigrante H-1 como enfermeras registradas, que habían estado empleadas en esa profesión durante por lo menos tres años, y cuyo empleo continuo como enfermeras satisface ciertos requisitos del certificado de trabajo.

Acta de Control y Reforma de la Inmigración de 1986 (IRCA, por sus siglas en inglés) - Ley Pública 99-603 (Acta del 11/6/86), fue aprobada para controlar y determinar la inmigración ilegal a los Estados Unidos. Sus provisiones principales estipulan la legalización de extranjeros indocumentados que han sido ilegales de manera continua desde 1982, la legalización de ciertos trabajadores del campo, sanciones para patrones que con conocimiento de causa contraten trabajadores indocumentados y el incremento de la fuerza pública en las fronteras de los EE. UU.

Acta de Inmigración de 1990 - Ley Pública 101-649 (Acta del 29 de Noviembre de 1990), la cual incrementó los límites de inmigración legal a los Estados Unidos, revisó todos las causas de exclusión y deportación, autorizó el estatus de protección temporal a extranjeros de países designados, revisó y estableció nuevas categorías de admisión de no inmigrantes, revisó y extendió el Programa Piloto de Dispensa de Visa, y revisó la autoridad y requisitos de naturalización.

Acta de Inmigración y Nacionalidad - Es el Acta (INA, por sus siglas en inglés) que, junto con otras leyes, tratados y pactos de inmigración a los Estados Unidos, tiene que ver con la inmigración, admisión temporal, naturalización y expulsión de extranjeros.

Admisión Condicionada - Una persona admitida condicionalmente es un extranjero al que, que habiéndole parecido inadmisible al funcionario inspector, se le permite ingresar a los Estados Unidos por razones humanitarias urgentes o cuando se determina que dicha entrada del extranjero tiene un beneficio público significativo. La admisión condicionada no constituye una admisión formal a los Estados Unidos y solo confiere un estatus temporal, además requiere que el admitido abandone el país cuando las condiciones que soportaban su admisión condicionada dejen de existir. Los tipos de admitidos condicionalmente incluyen:

> **Inspección diferida:** es autorizada al momento del arribo del extranjero a un puerto; puede ser conferida por un inspector de inmigración cuando los extranjeros

aparezcan en el puerto de entrada con su documentación; sin embargo, después de un examen preliminar, algunas preguntas permanecen con respecto a su admisibilidad las cuales pueden ser mejor contestadas en su punto de destino.

Admisión Condicional Anticipada: es autorizada en una oficina de distrito del USCIS antes de la llegada de un extranjero; puede ser emitida a los extranjeros que ya residen en los Estados Unidos que tienen un estatus diferente al de residente permanente legal, que una necesidad inesperada para viajar y regresar y para aquellas condiciones de estancia que de lo contrario no permiten la readmisión a los Estados Unidos si se van.

Admisión condicionada en el puerto de entrada: es autorizada en el puerto al momento de llegada del extranjero; aplica a una amplia variedad de situaciones y es utilizada a la discreción de un inspector de inmigración supervisor, usualmente para permitir cortos periodos de entrada. Los ejemplos incluyen permitir a los extranjeros a los que no pueden expedírseles la documentación dentro del periodo de tiempo requerido, o que de otra manera eran admisibles, para que asistan a un funeral y permitir la entrada de los trabajadores de emergencia, tales como bomberos para que ayuden en una emergencia.

Admisión condicionada humanitaria: es autorizada en las oficinas centrales del USCIS o en las oficinas distritales en el extranjero por las "razones humanitarias urgentes" especificadas en la ley. Es utilizada en casos de emergencia médica y situaciones parecidas.

Admisión condicionada con un beneficio público significativo: es autorizada en la Oficina de Asuntos Internacionales en las oficinas centrales del USCIS por el "beneficio público significativo" especificado en la ley.

Generalmente es utilizada por los extranjeros que entran para tomar parte en procedimientos legales donde hay un beneficio para el gobierno. Estas solicitudes deben /ser presentadas por una agencia del orden público.

Admisión condicionada en el extranjero: es autorizada en un distrito o sub-oficina del USCIS mientras el extranjero sigue estando en el exterior; está diseñada para constituir una admisión de largo plazo en los Estados Unidos. En años recientes, la mayoría de los extranjeros que ha procesado el USCIS por medio de la admisión condicionada en el extranjero han llegado bajo una legislación especial o por tratados internacionales de migración.

Amero asiático (Vietnam) - Se emiten visas de inmigrante a los amero asiáticos bajo la Ley Pública 100-202 (Acta del 12/22/87), la cual permite la admisión de extranjeros nacidos en Vietnam después del 1 de Enero de 1962 y antes del 1 de Enero de 1976, si el extranjero es apadrinado por un ciudadano de los EE. UU. Cónyuges, hijos y padres o tutores pueden acompañar al extranjero.

Año Fiscal - Actualmente, el periodo de doce meses comienza el 1 de Octubre y termina el 30 de Septiembre. Históricamente, hasta 1831 y de 1843-1849, el periodo de doce meses terminaba el 30 de Septiembre del año respectivo; de 1832-1842 y de 1850-1867 terminaba el 31 de Diciembre del año respectivo;

de 1868-1976, terminaba el 30 de Junio del año respectivo. El trimestre de transición (TQ, por sus siglas en inglés) para 1976 cubría el periodo de tres meses de Julio-Septiembre de 1976.

Área Geográfica de Imputabilidad - Es cualquiera de las cinco regiones geográficas - África, Extremo oriente, Latinoamérica y el Caribe, el Cercano Oriente y Asia meridional, y la antigua Unión Soviética y Europa oriental - en las que el mundo está dividido para la admisión inicial de refugiados a los Estados Unidos. Las consultas anuales entre el poder ejecutivo y el Congreso determinan el tope en el número de refugiados que pueden ser admitidos en los Estados Unidos de cada área. Al inicio del año fiscal de 1987 fue incorporada una reserva sin asignar a los topes de admisión.

Arresto - Es el arresto de un extranjero sujeto a traslado forzoso por parte de la Policía Estadounidense de Inmigración y Aduanas (ICE, por sus siglas en inglés). Cada arresto del mismo extranjero en un año fiscal es contado de manera separada.

Asilado - Es un extranjero en los Estados Unidos o en algún puerto de entrada que no puede o no desea regresar a su país de origen, o que busca la protección contra ese país debido a que es perseguido o bien fundado miedo de ser perseguido. Por lo tanto la persecución o el temor de sufrirlo debe estar basado en la raza, religión, nacionalidad, afiliación a un grupo social en particular u opinión política del extranjero. Para las personas sin nacionalidad, se considera como su país de nacionalidad el último país en el cual residió de manera habitual por última vez. Los asilados son elegibles para ajustar su estatus de residente permanente legal después de un año de presencia continua en los Estados Unidos. Estos inmigrantes son limitados a 10,000 ajustes por año fiscal.

Becario Dentro de Una Compañía - Es un extranjero, contratado durante por lo menos un año continuo de los últimos tres por una compañía o corporativo internacional, que quiere entrar a los Estados Unidos temporalmente para continuar trabajando para el mismo patrón, o una sucursal o afiliado, en una obligación que es principalmente administrativa, ejecutiva o que involucra un conocimiento especializado, y el cónyuge e hijos menores solteros.

Beneficiarios - Son los extranjeros a cuyo nombre un ciudadano de los EE. UU., residente permanente legal o patrón han presentado una solicitud para que reciban los beneficios de inmigración de la Ciudadanía de los EE. UU. y los Servicios de Inmigración. Los beneficiarios generalmente reciben un estatus legal como resultado de su relación con un ciudadano de los EE. UU., residente permanente legal o patrón estadounidense.

Cancelación de Traslado - Es un beneficio discrecional que ajusta el estatus de un extranjero de ser un extranjero sujeto a deportación a uno admitido legalmente para tener la residencia permanente. La solicitud para cancelación de traslado se realiza durante el curso de una audiencia ante un juez de inmigración.

Centros de Apoyo para la Solicitud - el USCIS ofrece llevar a cabo el servicio biométrico para los solicitantes de los beneficios de la inmigración. Las solicitudes al USCIS, tales como la Solicitud de Naturalización o la Solicitud para Registrarse como Residente Permanente o Ajuste de Estatus, requieren que el USCIS lleve a cabo una revisión de antecedentes con las huellas digitales en el FBI del solicitante. Se programará una cita para que los solicitantes se presenten en un Centro de Apoyo para la Solicitud en específico (ASC, por sus siglas en inglés).

Certificado de Ciudadanía - Documento de identidad que otorga la ciudadanía de los EE. UU. Los Certificados de ciudadanía son emitidos a los ciudadanos derivativos y a las personas que adquirieron la ciudadanía de los EE. UU. (ver definiciones de Ciudadanía Adquirida y derivativa).

Certificado de Trabajo - Es un requisito para los patrones de los EE.UU. que quieren emplear a ciertas personas cuyo inmigración a los Estados Unidos está basada en sus habilidades para el trabajo o trabajadores temporalmente no inmigrantes que vienen a desempeñar servicios para los cuales no existen trabajadores calificados autorizados en los Estados Unidos. El certificado de trabajo es emitido por la secretaría de trabajo y contiene testimonios de los patrones de los EE. UU. respecto al número de trabajadores estadounidenses disponibles para realizar el trabajo al que aspira el solicitante, y el efecto de dar trabajo al extranjero sobre los salarios y las condiciones de trabajo de los empleados de los EE. UU. empleados de manera similar. La determinación de la disponibilidad de trabajo en los Estados Unidos se realiza en el momento de una solicitud de visa y en la ubicación donde el solicitante desea trabajar.

Cirujano Civil - Es un doctor medicamente entrenado, con licencia y experiencia que va a ejercer en los EE. UU., el cual es certificado por el USCIS (Servicio de Ciudadanía e Inmigración). Estos profesionales médicos reciben entrenamiento enfocado en la inmigración a los EE. UU. para realizar exámenes tal como lo requiere el CDC (Centro para el Control y Prevención de las Enfermedades, CDC, por sus siglas en inglés) y el USCIS. Para los exámenes médicos realizados en el extranjero, por favor vea Comisión Médica.

IMPORTANTE: los exámenes médicos no serán reconocidos si son realizados por un doctor en los EE. UU. que no es un Cirujano Civil; por favor asegúrese que su cita sea con un Cirujano Civil o sus resultados y documentos serán inválidos.

Ciudadanía Adquirida - Ciudadanía conferida al momento del nacimiento en un niño nacido en el extranjero de padre (s) ciudadanos de los EE. UU.

Ciudadanía Derivativa - Ciudadanía traspasada a los hijos por medio de la naturalización de sus padres o, bajo ciertas circunstancias, los niños nacidos en el extranjero adoptados por padres ciudadanos de los EE.UU., una vez probado que se han cumplido ciertas circunstancias.

Control de Expediente - Es el mecanismo DHS para rastrear el estatus de un caso de extranjeros que potencialmente se pueden expulsar.

Cubano/Haitiano Entrante - Estatus acordado para 1) Cubanos que entraron ilegalmente o fueron admitidos condicionalmente en los Estados Unidos entre el 15 de Abril de 1980 y el 10 de Octubre de 1980, y 2) Haitianos que ingresaron ilegalmente o fueron admitidos condicionalmente en el país antes del 1 de Enero de 1981. Los cubanos y haitianos que cumplan con estos criterios y que han residido de manera continua en los Estados Unidos desde el 1 de Enero de 1982, y que fueran del conocimiento de Inmigración antes de esa fecha, pueden cambiar a residencia permanente bajo una provisión del Acta de Control y Reforma de la Inmigración de 1986.

Deportación - Es la expulsión formal de un extranjero de los Estados Unidos, cuando se descubre que son expulsables por haber violado las leyes de inmigración. La deportación es ordenada por un juez de inmigración sin que se imponga o contemple ningún castigo. Antes de abril de 1997 la deportación y la exclusión eran procedimientos de expulsión separados. El Acta de Reforma de Inmigración Ilegal y Responsabilidad del Inmigrante de 1996 consolidó estos procedimientos. Después del 1 de Abril de 1997, los extranjeros admitidos en los Estados Unidos pueden estar sujetos a su expulsión basados en su capacidad para ser deportados. Ahora llamada expulsión, esta función es administrada por la Policía Estadounidense de Inmigración y Aduanas.

Dispensa Médica - Una dispensa médica permite que a un solicitante de inmigración se le permita estar o permanecer en los Estados Unidos a pesar de que tenga una condición médica identificada como causa de inadmisibilidad. Pueden aplicarse términos y condiciones a una dispensa médica caso por caso.

Distrito - Áreas geográficas en las cuales los Estados Unidos y sus territorios están divididos para las operaciones locales del USCIS, o una de las tres oficinas en el extranjero localizadas en Roma, Bangkok y la Ciudad de México. Cada oficina distrital, dirigida por un director de distrito, posee un área especificada de servicio que puede incluir parte de un estado, un estado completo o muchos estados. En las oficinas distritales es donde está la mayoría del personal local del USCIS. Las oficinas distritales son responsables de proporcionar ciertos servicios y beneficios de inmigración a la gente residente en su área de servicio y para la ejecución de las leyes de inmigración en esa jurisdicción. Ciertas solicitudes son presentadas directamente en las oficinas distritales, muchos tipos de entrevistas se llevan a cabo en estas oficinas, además el personal del USCIS puede responder preguntar, proporcionar formatos y otorgar asistencia.

Diversidad - Es una categoría de inmigrantes que reemplaza a las categorías anteriores para nacionales de países poco representativos y países "afectados" adversamente por las Enmiendas al Acta de Inmigración y Nacionalidad de 1965 (P.L. 89-236). El límite anual en inmigración de diversidad era de 40,000 durante los años fiscales 1992-1994, bajo un programa de diversidad transitorio, y de 50,000 al inicio del año fiscal 1995, bajo un programa de diversidad permanente.

Enmiendas de Fraude de Inmigración por Matrimonio de 1986 - Ley Pública 99-639 (Acta del 11/10/86), que fue aprobada para determinar el fraude de matrimonio relacionado con inmigración. Su principal provisión estipula que los extranjeros que deriven su estado de inmigración de un matrimonio de menos de dos años son inmigrantes condicionales. Para eliminar su estado condicional, los inmigrantes deben hacer su solicitud ante la Oficina de Servicios de Ciudadanía de los EE. UU. e Inmigración durante el periodo de 90 días anteriores a su segundo aniversario de haber recibido su estatus condicional. Si el extranjero no puede demostrar que el matrimonio por medio del cual fue obtenido su estado fue y es válido, el estado de inmigrante condicional puede ser terminado y se volverá sujeto a deportación.

Estudiante - Como una clase no inmigrante de admisión, un extranjero viene temporalmente a los Estados Unidos para dedicarse a un curso completo de estudio en un programa aprobado en cualquier institución académica (colegio, universidad, seminario, conservatorio, preparatoria, primaria, otra institución, o programa de entrenamiento del idioma) o una vocacional u otra institución no académica no reconocida.

Exclusión - Antes del Acta de Reforma de Inmigración Ilegal y Responsabilidad de los Inmigrantes de 1996, la exclusión era el término formal para negar la entrada de un extranjero en los Estados Unidos. La decisión de excluir a un extranjero era realizada por un juez de inmigración después de una audiencia de exclusión. Desde el 1 de Abril de 1997, el proceso para adjudicar la inadmisibilidad puede tener lugar ya sea en un proceso de expulsión acelerado o en procedimientos de expulsión ante un juez de inmigración.

Extranjero - Cualquier persona que no es ciudadano o nacional de los Estados Unidos.

Extranjero en Tránsito - Es un extranjero que está en tránsito inmediato y continua a través de los Estados Unidos, con o sin visa, incluyendo a los 1) extranjeros que califican como personas con derecho a transitar hacia y desde el Distrito de las Oficinas Centrales de las Naciones Unidas y países extranjeros, y 2) funcionarios de gobiernos extranjeros y sus cónyuges e hijos menores solteros (o dependientes) en tránsito.

Extranjero Residente - Aplica a un ciudadano no estadounidense que reside actualmente en los Estados Unidos. El término se aplica en tres diferentes maneras; por favor vea Residente Permanente, Residente Condicional y Residente que Retorna.

Extranjeros Legalizados - Son ciertos extranjeros ilegales que son elegibles para solicitar el estatus de residente temporal bajo la provisión de legalización del Acta de Control y Reforma de la Inmigración de 1986. Para ser elegibles, los extranjeros deben haber residido de manera continua en los Estados Unidos de manera ilegal desde el 1 de Enero de 1982, no ser excluibles, y haber entrado a los Estados Unidos 1) ilegalmente antes del 1 de Enero de 1982 o 2) como visitantes temporales antes del 1 de Enero de 1982, y que su estancia haya vencido antes de esa fecha o que el gobierno haya tenido conocimiento de su estatus ilegal antes de esa fecha. La legalización consta de dos etapas: residencia temporal y luego permanente. Para cambiar al estado permanente, el extranjero debe haber residido de manera continua en los Estados Unidos, ser admisible como inmigrante y demostrar una comprensión y conocimiento mínimo del idioma inglés y de la historia y gobierno de los EE. UU.

Extranjeros Sujetos a Deportación - Es un extranjero en y admitido en los Estados Unidos sujeto a cualquiera de los motivos de expulsión especificados en el Acta de Inmigración y Nacionalidad. Esta incluye a cualquier extranjero que está ilegalmente en los Estados Unidos, sin importar si el extranjero entró al país fraudulentamente o impostura o si entró legalmente pero después violó los términos de su clasificación o estatus de no inmigrante.

Fecha de Registro - Los extranjeros que han residido de manera continua en los Estados Unidos desde el 1 de Enero de 1972, son de buen carácter moral y no son inadmisibles, son elegibles para cambiar al estatus de residente permanente legal bajo la provisión de registro. Antes de que el Acta de Control y Reforma de la Inmigración de 1986 enmendara la fecha, los extranjeros tenían que haber radicado en el país de manera continua desde el 30 de Junio de 1948 para calificar.

Funcionario de Gobierno Extranjero - Es una clase no inmigrante de admisión, un extranjero que viene temporalmente a los Estados Unidos que ha sido acreditado por un gobierno extranjero para actuar como embajador, ministro público, diplomático de carrera o funcionario consular, otro funcionario acreditado o un asistente, sirviente o empleado personal de un funcionario acreditado, y los cónyuges e hijos menores solteros (o dependientes) de todos los anteriores.

Hijo - Generalmente, es una persona soltera menor de 21 años de edad que es: un niño nacido de un enlace conyugal; un hijastro, una vez probado que el niño era menor de 18 años de edad al momento que el matrimonio, que creó la relación con el hijastro, tuvo lugar; un hijo legalizado, una vez probado que el niño fue legalizado mientras estaba bajo la custodia legal del padre que hizo la legalización; un niño nacido fuera del matrimonio, cuando un beneficio es buscado en base de su relación con su madre, o de su padre, si el padre tiene o ha tenido una relación de buena fe con el niño; un niño adoptado mientras era menor de 16 años de edad que ha residido desde la adopción bajo la custodia legal de los padres adoptivos durante por lo menos dos años; o un huérfano, menor de 16 años de edad, que ha sido adoptado en el extranjero por un ciudadano de los EE. UU. o tiene una solicitud de visa de pariente cercano presentada en su nombre y viene a los Estados Unidos para ser adoptado por un ciudadano de los EE. UU.

Huérfano - El Acta de Inmigración y Nacionalidad da una definición de huérfano con propósitos de inmigración a los Estados Unidos.

Un niño puede ser considerado huérfano debido a la muerte o desaparición de, abandono o deserción de, o separación o pérdida de ambos padres. El hijo de una madre soltera o padre sobreviviente puede ser considerado huérfano si ese padre es incapaz de cuidar adecuadamente al niño y ha, por escrito, liberado de manera irrevocable al niño para que pueda emigrar y ser adoptado. El hijo de una madre soltera puede ser considerado huérfano, siempre y cuando la madre no se case (lo cual daría como resultado que el niño tuviera un padrastro) y mientras el padre biológico del niño no lo haya legitimado. Si el padre legitima al niño o la madre se casa, la madre ya no será considerada como un solo padre. El hijo de un padre sobreviviente también puede ser huérfano si el padre sobreviviente no se ha casado desde la muerte del otro padre (lo cual daría como resultado que el niño tuviera un padrastro o madrastra). Nota: Los posibles padres adoptivos deben estar seguros de que un niño se ajusta a la definición de "huérfano" antes de adoptarlo en otro país, porque no todos los niños adoptados en el extranjero cumplen con la definición de "huérfano", y por lo tanto podrían no ser elegibles para inmigrar a los Estados Unidos.

Imputabilidad a un Estado Extranjero - Es el país independiente al cual un inmigrante que ingresa bajo el sistema de preferencia le es acreditado. No más de un 7 por ciento de las visas para familias patrocinadas y de empleo pueden ser emitidas a nativos de cualquier país independiente en un año fiscal. Nadie que dependa de cualquier país independiente puede recibir más del 2 por ciento de las visas para familias patrocinadas y de empleo emitidas. Dado que estos límites están basados en la emisión de visas en lugar de los ingresos a los Estados Unidos, y las visas de inmigrantes son válidas durante seis meses, no existe una correspondiente total entre estas dos circunstancias. La imputabilidad usualmente está determinada por país de nacimiento. Las excepciones se hacen para prevenir la separación de los miembros de la familia cuando se ha cumplido la limitación para dicho país de nacimiento.

Inadmisible - Es un extranjero que busca ser admitido en un puerto de entrada y que no cumple con los criterios de la INA para ser admitido. El extranjero puede ser puesto en los procedimientos de expulsión o, bajo ciertas circunstancias, permitírsele retirar su solicitud para ser admitido.

Inmigrantes Especiales - Son ciertas categorías de inmigrantes que estaban exentas de las limitaciones numéricas antes del año fiscal 1992 y estaban sujetas a la limitación bajo la cuarta preferencia basada en el empleo que inicio en 1992; personas que han perdido la ciudadanía por matrimonio; personas que perdieron su ciudadanía al servir en fuerzas armadas extranjeras; ministros de religión y otros trabajadores religiosos, sus cónyuges e hijos; ciertos empleados y antiguos empleados del gobierno de los EE. UU. en el exterior, sus cónyuges e hijos; inmigrantes del Acta del Canal de Panamá; ciertos graduados de escuelas médicas en el extranjero, sus cónyuges e hijos; ciertos empleados jubilados de organizaciones internacionales, sus cónyuges e hijos; dependientes de tribunales juveniles; y ciertos extranjeros que sirven en las fuerzas armadas de los EE. UU., junto con sus cónyuges e hijos.

Juez de Inmigración - Es un abogado asignado por el fiscal general para actuar como un juez administrativo en la Oficina Ejecutiva para la Revisión de la Inmigración. Él o ella está calificado (a) para conducir clases específicas de procedimientos, incluyendo procedimientos de expulsión.

Legalización de Dependientes - Un máximo de 55,000 visas fueron emitidas para los cónyuges e hijos de extranjeros legalizados bajo las provisiones del Acta de Control y Reforma de la Inmigración de 1986 en cada uno de los años fiscales 1992-1994.

Legalizado - La mayoría de los países tienen procedimientos legales para los padres naturales de niños nacidos fuera del matrimonio para reconocer a sus hijos. Un hijo legitimado de cualquier país tiene dos padres legales y no puede calificar como huérfano a menos que: 1) solo viva uno de los padres, o 2) ambos padres hayan abandonado al niño.

Migrante - Es una persona que abandona su país de origen para buscar residencia en otro país.

Naturalización - Es la adjudicación, por cualquier medio, de la ciudadanía a una persona después de su nacimiento.

Negocio No Inmigrante - Es un extranjero que viene temporalmente a los Estados Unidos para realizar transacciones comerciales que no involucran un empleo remunerado en los Estados Unidos, es decir, realizar comercio internacional a nombre de una empresa extranjera, sin estar empleado en el mercado laboral de los EE. UU., y que no recibe ningún salario de una fuente estadounidense.

Oficina de Control de Archivos - Es una oficina local del USCIS - ya sea un distrito (incluyendo las oficinas del USCIS en el extranjero) o una sub-oficina de ese distrito - donde los archivos de los casos de los extranjeros son mantenidos y controlados.

Oficinas Locales - Son las oficinas que se encuentran en algunos distritos y que dan servicio a una parte de la jurisdicción de un distrito. Una oficina local, dirigida por un funcionario a cargo, proporciona muchos servicios y funciones de vigilancia y control. Sus ubicaciones están determinadas, en parte, para incrementar la conveniencia de los usuarios del USCIS.

País de -

> **Nacimiento:** Es el país en el cual nació una persona.

> **Imputabilidad:** Es el país independiente al cual un inmigrante ingresante bajo el sistema de preferencia es acreditado con propósitos de limitaciones numéricas.

> **Ciudadanía:** Es el país en el cual nació una persona (y que no ha perdido o renunciado a su ciudadanía) o por el que fue naturalizado y al cual esa persona debe lealtad y por el cual él o ella tiene derecho a ser protegido.

Lealtad Anterior: Es el país anterior de ciudadanía de un ciudadano de los EE. UU. o de una persona que derivó la ciudadanía de los EE. UU.

(Última) Residencia: Es el país en el cual residía habitualmente un extranjero antes de ingresar a los Estados Unidos.

Nacionalidad: Es el país de ciudadanía de una persona o país del cual se estima que una persona es nacional.

Países Sin Suficiente Representación, Nativos de - Las Enmiendas de Inmigración de 1988, Ley Pública 101-658 (Acta del 11/5/88), permitieron que se emitieran 10,000 visas a los nativos de países sin suficiente representación en cada uno de los años fiscales de 1990 y 1991. Los países sin suficiente representación son aquellos países que reciben menos del 25 por ciento del máximo permitido bajo las limitaciones por país (20,000 para países independientes y 5,000 para los dependientes) en el año fiscal de 1988.

Parientes Cercanos - Son ciertos inmigrantes que, debido a su relación cercana con ciudadanos de los EE. UU., están exentos de las limitaciones numéricas impuestas a la inmigración a los Estados Unidos. Los parientes cercanos son: los cónyuges de ciudadanos, hijos (menores de 21 años de edad y solteros) de los ciudadanos y padres de los ciudadanos que tengan 21 años o más de edad.

Partida Voluntaria - Es la partida de un extranjero de los Estados Unidos sin una orden de expulsión. La partida puede o no puede haber estado precedida de una audiencia ante un juez de inmigración. Un extranjero al que se le permitió su partida voluntaria concede la expulsión pero no tiene una prohibición para buscar su admisión en un puerto de entrada en cualquier momento. No partir dentro del tiempo concedido da como resultado una multa y una prohibición de diez años de acceder a las diversas formas para evitar la deportación.

Pasador Fronterizo - Es un extranjero residente de los Estados Unidos que reingresa al país después de una ausencia menor a seis meses en Canadá o México, o un extranjero no residente que entra a los Estados Unidos a través de la frontera canadiense para quedarse no más de seis meses o a través de la frontera mexicana para quedarse no más de 72 horas.

Polizón - Es un extranjero que viene a los Estados Unidos clandestinamente en un avión o navío sin un estatus legal de admisión. Dicho extranjero está sujeto a la negación de una admisión formal y retorno al punto de embarque por la compañía de transporte.

Programa de Dispensa de Visa - Le permite a los ciudadanos de ciertos países seleccionados, viajar temporalmente a los Estados Unidos bajo las clases de admisión de no inmigrante a los visitantes por placer y a los visitantes para negocios, para entrar a los Estados Unidos sin obtener visas de no inmigrante. La admisión es para no más de 90 días. El programa fue instituido por el Acta de Control y Reforma de la Inmigración de 1986 (las entradas comenzaron el 7/1/88). Bajo el Programa de Dispensa de Visa para Guam, ciertos visitantes de países designados pueden visitar Guam solo hasta 15 días sin primero haber obtenido visas de visitante no inmigrante.

Prometido (a) de un Ciudadano (a) de los EE. UU. - Es un extranjero (a) no inmigrante que viene a los Estados Unidos para concluir un matrimonio válido con un ciudadano (a) de los EE. UU. dentro de los noventa días después de su ingreso.

Provisiones Generales de Naturalización - Son los requisitos básicos de naturalización que cada solicitante debe de satisfacer, a menos que sea miembro de una clase especial. Las provisiones generales requieren que el solicitante tenga por lo menos 18 años de edad y sea un residente permanente legal con cinco años de residencia continua en los Estados Unidos, que haya estado físicamente presente en el país por la mitad de este periodo, y hayan establecido un buen carácter moral durante ese periodo por lo menos.

Puerto de Entrada - Es cualquier ubicación en los Estados Unidos o sus territorios que está diseñada como puerto de entrada para extranjeros y ciudadanos de los EE. UU. Todas las oficinas de distrito y de control de archivos también son consideradas puertos, dado que se convierten en ubicaciones de entrada para los extranjeros que ajustan su estatus de inmigrante.

Refugiado - Es cualquier persona que está fuera de su país de nacionalidad y que no puede o no quiere regresar a él debido a que sufre persecución o tiene un miedo bien fundado de ser perseguido. La persecución o miedo de ser perseguido debe estar basado en la raza, religión, nacionalidad, afiliación a un grupo social en particular u opinión política de un extranjero. La gente sinnacionalidad generalmente debe estar fuera de su país de última residencia para calificar como refugiado. Los refugiados están sujetos a topes por área geográfica establecidos anualmente por el presidente en una consulta con el Congreso y son elegibles para ajustar su estatus de residente permanente legal después de un año de presencia continua en los Estados Unidos.

Refugio Seguro - Es un refugio temporal, dado a los migrantes que han escapado de sus países de origen buscando protección o alivio de persecución y otras tribulaciones, hasta que puedan regresar a sus países con seguridad o, en caso necesario, hasta que puedan obtener un alivio permanente de las condiciones de las que han huido.

Representante de Medios Extranjeros de Información - Como una clase de admisión no inmigrante, es un extranjero que viene temporalmente a los Estados Unidos como representante de buena fe de la prensa, radio y cinematografía extranjera, u otros medios de información extranjeros y el cónyuge e hijos solteros menores (o dependientes).

Representante Internacional - Siendo una clase de admisión no inmigrante, es un extranjero que viene temporalmente a los Estados Unidos como el principal u otro acreditado representante de un gobierno extranjero (ya sea que este oficialmente reconocido o no por parte de los Estados Unidos) ante una organización temporal, un funcionario o empleado de una organización internacional y los cónyuges e hijos menores solteros (dependientes) de todos los anteriores.

Residencia Condicional - Cualquier extranjero a quien se le haya otorgado el estatus de residente permanente debido a una condición (es decir, es cónyuge de un ciudadano de los EE.UU.; un inversionista inmigrante), al cual se le pide solicitar la eliminación de un conjunto de condiciones antes del segundo aniversario de la aprobación de su estatus condicional.

Residente Permanente - Es cualquier persona que no es ciudadano de los Estados Unidos pero reside en los EE. UU. bajo reconocimiento legal y su residencia permanente está registrada legalmente como inmigrante. También es conocido como "residente extranjero permanente", "residente permanente legal", "residente extranjero portador de permiso" y "portador de tarjeta de residencia".

Residente Permanente Legal (LPR, por sus siglas en inglés) - Es cualquier persona que no es ciudadana de los Estados Unidos y que está residiendo en los Estados Unidos bajo reconocimiento legal y su residencia permanente está legalmente registrada como inmigrante. También conocido como "extranjero residente permanente", "extranjero residente portador de permiso" y "portador de una tarjeta de residencia".

Residente que Retorna - Es cualquier residente permanente legal que ha estado fuera de los Estados Unidos y regresa a los EE. UU. También se define como "inmigrante especial". Si estuvo fuera de los EE. UU. por más de 180 días, él o ella deben solicitar su reingreso a los Estados Unidos. Si estuvieron fuera de los EE. UU. por más de un año y está regresando a su residencia permanente en los Estados Unidos, él o ella usualmente deben obtener su documentación de reingreso en el USCIS o una visa de inmigrante del Departamento de Estado.

Retractación - Es la retractación voluntaria de un extranjero que llega, de solicitar su admisión a los Estados Unidos en lugar de una audiencia de expulsión ante un juez de inmigración o una expulsión expedita.

Sanciones al Patrón - La provisión de sanciones al patrón del Acta de Control y Reforma de la Inmigración de 1986 prohíbe que los patrones contraten, recluten o recomienden por una cuota a los extranjeros conocidos por no tener autorización para trabajar en los Estados Unidos. Aquellos que violen la ley están sujetos a una serie de multas civiles por violaciones o penas criminales cuando haya un modelo o práctica de dichas violaciones.

Topes Hemisféricos - Son los límites estatutarios en la inmigración a los Estados Unidos en efecto desde 1968 hasta Octubre de 1978. Mandado por las Enmiendas al Acta de

Inmigración y Nacionalidad de 1965, el tope de inmigración para el Hemisferio Oriental fue establecido en 170,000, con un límite por país de 20,000. La inmigración del Hemisferio Occidental fue fijada en 120,000, sin un límite por país hasta el 1 de Enero de 1977. Posteriormente, el Hemisferio Occidental fue sujeto a un límite de 20,000 por país. Válidos a partir de Octubre de 1978, los límites por cada hemisferio fueron abolidos a favor de un límite mundial.

Trabajadores del Campo - Como una clase de admisión no inmigrante, es un extranjero que viene temporalmente a los Estados Unidos a desempeñar labores o servicios del campo, tal como está definido por la Secretaría del Trabajo.

Tránsito Sin Visa (TWOV, por sus siglas en inglés) - Es un extranjero en Tránsito que viaja sin una visa de no inmigrante bajo la sección 233 del INA. Es un extranjero admitido bajo los acuerdos con una línea de transportación, la cual garantiza su inmediato y continuo pasaje a un destino en el extranjero.

Tratado de Libre Comercio de América del Norte (NAFTA, por sus siglas en inglés) - Ley Pública 103-182 (Acta del 12/8/93), que reemplazó el Tratado de Libre Comercio de los Estados Unidos y Canadá a partir del 1/1/94. Continúa la relación especial recíproca de comercio entre los Estados Unidos y Canadá (ver Tratado de Libre Comercio de los Estados Unidos y Canadá) y establece una relación similar con México.

Tratado de Libre Comercio de Estados Unidos - Canadá - Ley Pública 100-449 (Acta del 9/28/88) estableció una relación recíproca especial de comercio entre los Estados Unidos y Canadá. Proporcionó dos nuevas clases de admisión de no inmigrantes para visitantes temporales a los Estados Unidos: Hombres de negocios ciudadanos canadienses y sus cónyuges e hijos menores solteros. La entrada es facilitada para los visitantes que buscan su clasificación como visitantes para negocios, negociantes de convenios o inversionistas, transferencias dentro de compañías, y otras personas de negocios involucradas en actividades a un nivel profesional. Tales visitantes no requieren obtener visas de no inmigrante, ni solicitudes previas, ni certificados de trabajo, o aprobación previa; sin embargo, deben satisfacer al funcionario inspector de que están buscando su entrada para involucrarse en actividades a un nivel profesional y de que están muy calificados. El Tratado de Libre Comercio de Estados Unidos - Canadá fue sustituido por el Tratado de Libre Comercio de América del Norte (NAFTA, por sus siglas en inglés) a partir del 1/1/94.

Tripulante - Es un nacional extranjero que sirve con la capacidad requerida para la operación y servicio normal a bordo de un navío o un avión. Los tripulantes son admitidos por veintinueve días, sin extensiones. En la INA están definidas dos categorías de tripulantes: D1, parten de los Estados Unidos en el mismo navío o avión en el cual arribaron o algún otro navío o avión; y D2, que salen de Guam en el navío en el cual arribaron.

Visa - Una visa de los EE. UU. le permite a su portador solicitar su entrada a los EE. UU. en una cierta clasificación, es decir (F), visitante (B), trabajador temporal (H). Una visa no le garantiza al portador el derecho a entrar a los Estados Unidos. El Departamento de Estado (DOS, por sus siglas en inglés) es responsable de la adjudicación de visa en las embajadas de los EE. UU. Los inspectores de inmigración del Buró de Aduanas y Protección de las Fronteras (BCBP, por sus siglas en inglés) del Departamento de Seguridad Nacional (DHS, por sus siglas en inglés) determinan la admisión, duración de la estadía y condiciones de permanencia en los EE. UU. en un puerto de entrada. La información en una visa de no inmigrante solo se relaciona con respecto a cuando un individuo puede solicitar su entrada a los EE. UU. Los inspectores de inmigración del

DHS registrarán los términos de su admisión en su Registro de Arribo/Partida (I-94 blanca o I-94W verde) y en su pasaporte.

Visitante de Intercambio - Es un extranjero que viene temporalmente a los Estados Unidos como participante de un programa aprobado por la secretaría de estado con el propósito de enseñar, instruir o dar conferencias, estudiar, observar, llevar a cabo una investigación, dar consultas, demostrar habilidades especiales o para recibir entrenamiento.

★ ÍNDICE ★

D

E

F

G

H

I

J

V